तेजस्वी मन

ज्ञान का दीप जलाए रखूँगा

‘हे भारतीय युवक
ज्ञानी-विज्ञानी
मानवता के प्रेमी
संकीर्ण तुच्छ लक्ष्य
की लालसा पाप है।
मेरे सपने बड़े
मैं मेहनत करूँगा
मेरा देश महान् हो
धनवान् हो, गुणवान् हो
यह प्रेरणा का भाव अमूल्य है,
कहीं भी धरती पर,
उससे ऊपर या नीचे
दीप जलाए रखूँगा
जिससे मेरा देश महान् हो।’

—ए.पी.जे. अब्दुल कलाम

तेजस्वी मन

डॉ. ए.पी.जे. अब्दुल कलाम

अनुवाद

अरुण तिवारी

प्रकाशक

प्रभात प्रकाशन प्रा. लि.

4/19 आसफ अली रोड, नई दिल्ली-110002

फोन : 011-23289777 • हेल्पलाइन नं. : 7827007777

इ-मेल : prabhatbooks@gmail.com ❖ वेब ठिकाना : www.prabhatbooks.com

संस्करण

2025

सर्वाधिकार

सुरक्षित

पेपरबैक मूल्य

दो सौ पचास रुपए

मुद्रक

नरुला प्रिंटर्स, दिल्ली

———————— ★ ————————

TEJASWI MAN

by Dr. A.P.J. Kalam

Published by **PRABHAT PRAKASHAN PVT. LTD.**

4/19 Asaf Ali Road, New Delhi-110002

ISBN 978-93-5186-441-7

₹ 250.00 (PB)

यह पुस्तक बारहवीं कक्षा की छात्रा स्नेहल ठक्कर को समर्पित है।

11 अप्रैल, 2002 को जब मैं सड़क मार्ग से आणंद पहुँचा तो सांप्रदायिक गड़बड़ी के बाद वहाँ कर्फ्यू लगा हुआ था। अगले दिन आणंदालय हाई स्कूल में बच्चों के साथ बातचीत के क्रम में एक सवाल उठा–'हमारा दुश्मन कौन है?'

कई जवाब सामने आए, लेकिन जिस एक उत्तर पर हम सभी सहमत थे वह स्नेहल ने दिया– 'गरीबी ही हमारा सबसे बड़ा शत्रु है।'

यही हमारी समस्याओं का मूल कारण है और अपनी लड़ाई का निशाना भी इसे ही बनाना चाहिए, न कि हमारे अपनों को।

आभार

मैंने कुछ पुस्तकों को सूचीबद्ध किया है, जो इस पुस्तक को लिखने के दौरान उपयोगी साबित हुईं। मैं तीन किताबों का विशेष रूप से उल्लेख करना चाहूँगा, जिनके विचार इस पुस्तक के केंद्रीय विषय के संदर्भ में प्रासंगिक हैं। वे पुस्तकें हैं—'चंद्रा : ए बायोग्राफी ऑफ एस. चंद्रशेखर', लेखक—कामेश्वर सी. वली; 'एंपायर्स ऑफ द माइंड', लेखक—डेनिस वटेली तथा 'मेनिफेस्ट योर डेस्टिनी', लेखक—डॉ. वायन डब्ल्यू. डायर, हार्पर कॉलिंस। व्यक्तिगत उपलब्धियों के संदर्भ में उनके विचार मुझे एक राष्ट्र के अपनी वास्तविक क्षमताओं को पहचानने की प्रक्रिया को स्पष्ट करने के दौरान उपयोगी लगे। मैंने जिन अन्य पुस्तकों का अध्ययन किया और जिनका कहीं-न-कहीं मैंने उपयोग किया उनकी सूची संदर्भ के अंतर्गत दी गई है।

अनुवादकीय

संसद् के केंद्रीय कक्ष में गुरुवार 25 जुलाई, 2002 को प्रात: 10 बजे प्रो. ए.पी.जे. अब्दुल कलाम को भारत के बारहवें राष्ट्रपति के रूप में शपथ लेते देखना मेरे लिए एक महान् अनुभव था। उस अवसर पर वहाँ होने का मेरा अधिकार उतना ही दैवीय था जितनी रामेश्वरम् से राष्ट्रपति भवन तक की एक सामान्य भारतीय की यात्रा।

इस पुस्तक के मूल लेखन की शुरुआत 4 नवंबर, 2001 को हैदराबाद में तब हुई जब प्रो. अब्दुल कलाम ने मुझे 30 सितंबर, 2001 की रात का अपना स्वप्न सुनाया और यह जानकारी दी कि वे 13 नवंबर, 2001 से भारत सरकार के प्रमुख वैज्ञानिक सलाहकार का पद छोड़कर अन्ना विश्वविद्यालय में प्रौद्योगिकी एवं सामाजिक रूपांतरण के प्राचार्य की तरह जा रहे हैं। मुझे स्वप्न में छिपी भविष्यवाणी भाँपने में ज्यादा वक्त नहीं लगा। महीनों बाद जब वे राष्ट्रपति पद के उम्मीदवार बने और रैडिफ.कॉम के सैयद अमीन जाफरी मेरे पास इस बारे में बात करने आए तो मैंने यही कहा (या कि मेरे मुँह से ऐसा निकला!) 'कायनात प्रो. कलाम के हक में काम कर रही है।'

प्रो. कलाम का जीवन ईश्वरीय लीला, सही सोच, कर्म शक्ति और नैतिक मूल्यों की सार्थकता की मिसाल है। इस पुस्तक के मूल लेखन और फिर हिंदी रूपांतरण में भाग लेना मेरे लिए बेहद सुखद अनुभव रहा है। जैसे अपने आप में अँधेरा चंद्रमा सूर्य की रोशनी से चमकता है। प्रो. कलाम के साथ पहले 'अग्नि की उड़ान' और अब 'तेजस्वी मन' से जुड़ना मेरे लिए वैसा ही है।

श्रीमती अलका कौशिक का विशेष रूप से आभारी हूँ कि उन्होंने पूरी निष्ठा एवं लगन से इस अनुवाद कार्य में मेरी निरंतर मदद की, उनमें वाक्यों के गठन की अद्‌भुत क्षमता है।

श्रीमती हिमल रूपारेल का भी आभारी हूँ, जिन्होंने इस पुस्तक का आवरण तैयार किया। इस पुस्तक के प्रकाशन के समय मेरा बेटा असीम आनंद अपनी इंजीनियरी शिक्षा पूरी कर मिसाइल क्षेत्र में काम करना शुरू कर रहा है। महामहिम राष्ट्रपति कलाम के तेजस्वी भारत में वह और उसकी पीढ़ी विकसित, समृद्ध एवं सुरक्षित देश हेतु समर्पित रहे, ऐसी मेरी परमात्मा से प्रार्थना है। 'तेजस्वी मन' 'तमसो मा ज्योतिर्गमया' की भारतीय आत्मा के प्रतीक चिह्न-सा, समय और काल की सीमाओं के परे, चिरंतर चमकता रहेगा।

हैदराबाद
अगस्त 2002

—अरुण तिवारी

प्राक्कथन

राष्ट्र का निर्माण लोगों से होता है और उनके प्रयासों से कोई भी राष्ट्र वह सब पा सकता है जो वह चाहता है। भारत के लोगों को, विशेषकर युवाओं को प्रेरित करना इस पुस्तक का केंद्रीय विषय है। यह उस सिलसिले की ही अगली कड़ी कहा जा सकता है, जिसकी शुरुआत मैंने अपनी पिछली दो पुस्तकों 'अग्नि की उड़ान' (विंग्स ऑफ फायर) तथा 'भारत 2020 : नई सहस्राब्दी' में अपने मित्रों अरुण तिवारी तथा वाई.एस. राजन के साथ की थी। मैंने युवाओं के मन में तेज पैदा करने के विषय पर लिखने का फैसला इसलिए किया ताकि सन् 2020 तक भारत एक विकसित राष्ट्र बन पाए। दरअसल, प्रौद्योगिकी तथा उसके प्रबंधन से जुड़ी अपनी पूरी कैरियर यात्रा के दौरान मैं युवा शक्ति और उसकी क्षमता पर ही भरोसा करता आया हूँ। मेरी युवा टीम मेरी ताकत रही है, जिसने कभी मेरा सिर नहीं झुकने दिया। और सबसे अधिक चुनौतीपूर्ण परिस्थितियों में सर्वाधिक जटिल परियोजनाओं पर उनके साथ काम करना मेरे लिए एक बेहद संतोषजनक अनुभव रहा। मुझे पूरा भरोसा है कि मुकाम तक पहुँचने की आजादी तथा उचित मार्गदर्शन मिलने पर भारत का युवा बहुत कुछ हासिल कर सकता है।

लिखना शुरू करते समय मैंने सोचा कि कहीं मैं अपनी सीमाओं का अतिक्रमण तो नहीं कर रहा। मैंने विचार किया—एक विकसित राष्ट्र के रूप में अपनी नियति को प्राप्त करने की भारत की क्षमता के बारे में लिखनेवाला मैं भला कौन होता हूँ? विज्ञान और प्रौद्योगिकी के आस-पास मँडराती अपनी परियोजनाओं तथा अभियानों से मैंने जो कुछ जाना है उससे भी परे जाकर

इसे कैसे प्राप्त किया जा सकता है, इस बारे में वास्तव में मैं क्या कुछ जानता हूँ ? क्या राजनीतिक नेता, अर्थशास्त्री, विचारक तथा अन्य योग्य व्यक्ति इस मुद्दे पर मुझसे कहीं बेहतर ढंग से चिंतन कर पाएँगे ? मैं दूसरों को उस योग्यता के बारे में बताने में भला किस प्रकार सक्षम समझूँ, जिसकी आमतौर पर उपेक्षा की जाती रही हो ?

पहले-पहल जब मैं अपने युवा मित्रों के साथ अपने अनुभवों को कलमबद्ध कर रहा था तो मेरे सामने यह स्पष्ट नहीं था कि मुझे क्या कहना है ? लेकिन इसके बावजूद मैंने अपने संदेह दूर किए और उन तमाम बातों की पड़ताल शुरू की, जो अलग-अलग स्थानों पर अपनी यात्राओं के दौरान लोगों से, विशेषकर बच्चों, साधु-संतों, अध्यापकों, वैज्ञानिकों, उद्योगपतियों और यहाँ तक कि नेताओं से सुनी थीं। अपने स्तर पर मुझे इस बात का पूरा भरोसा है कि भारत के पास खुद को विकसित राष्ट्र के रूप में बदलने की क्षमता मौजूद है। अंतरिक्ष, रक्षा तथा परमाणु क्षेत्रों में अपनी परियोजनाओं के जरिए मैं यह जान चुका हूँ कि हमारे लोगों के पास श्रेष्ठता को हासिल करने की योग्यता है। हमारे पास विश्वास और ज्ञान का ऐसा अद्‌भुत मिश्रण है जो हमें इस पृथ्वी के अन्य देशों से अलग ला खड़ा करता है। मैं यह भी जानता हूँ कि इन अनूठी क्षमताओं का लाभ नहीं उठाया गया है; क्योंकि हमें दूसरों की दासता स्वीकारने और शांत बने रहने की आदत सी पड़ चुकी है। लोगों को यह बताने से बेहतर बात और क्या होगी कि जो ख्वाब वे देखते हैं वे सच हो सकते, यह कि उनके पास वह सबकुछ हो सकता है जो अच्छे जीवन के लिए जरूरी है—स्वास्थ्य, शिक्षा, अपनी मंजिल तक पहुँचने की आजादी; और इन सबसे बढ़कर शांति।

यह सब कैसे हो सकता है ? इस सवाल के जवाब की तलाश ही मुझे स्कूलों, देहातों, आश्रमों तथा ऐसे अन्य कई स्थानों तक ले गई जो इससे पहले मेरी जीवनचर्या का हिस्सा नहीं थे। यह एक नई तरह का अनुभव था—बहुत ही रोमांचक! बिहार के धान के खेत, जो प्रकृति भरोसे कृषि चक्र के हवाले हैं, नवगठित राज्य झारखंड की अनदुहि खनिज संपदा तथा त्रिपुरा की अलग-थलग पड़ी जैव-विविधता ज्ञान के उस युग के लिए चुनौतियाँ हैं जिसका प्रादुर्भाव विश्व के अन्य देशों में हो चुका है। असम में विशाल

ब्रह्मपुत्र ने मुझे जैसे अपने मोहपाश में बाँध लिया था। उसकी अथाह जल राशि को बेकार बहता देखकर मैंने खुद को असहाय महसूस किया। मैंने सोचा कि एक राष्ट्र के तौर पर हम अपनी अपार ऊर्जा का इस्तेमाल क्यों नहीं कर पा रहे हैं।

हमसे कहाँ गलती हो रही है? वह क्या है जिसे ठीक करने की जरूरत है? हमारी पंचवर्षीय योजनाओं में उन दिशाओं को दरशाया गया है, जिससे हमें गुजरना है। हमारे पास अधिकतर आवश्यक संसाधन मौजूद हैं। लगता है, हमारा दृष्टिकोण ही हमारी समस्या है, हम जैसे सीमित उपलब्धियों की अपनी मानसिकता को छोड़ना ही नहीं चाहते। यह पुस्तक उन तमाम ताकतों से मुक्त होने के बारे में है, जो यह चाहती हैं कि हम एक अरब की आबादी वाले उसी राष्ट्र की तरह बने रहें, जो सस्ता श्रम और सस्ता कच्चा माल उपलब्ध कराने के साथ-साथ अन्य देशों के उत्पादों तथा सेवाओं के लिए बड़े बाजार भी मुहैया कराता है।

मैं यह पुस्तक इसलिए भी लिख रहा हूँ ताकि मेरे युवा पाठक उस आवाज को सुन सकें, जो कह रही है—'आगे बढ़ो'। अपने नेतृत्व को हमें समृद्धि की ओर ले जाना चाहिए। रचनात्मक विचारों वाले युवा भारतीयों के विचार स्वीकृति की बाट जोहते-जोहते मुरझाने नहीं चाहिए। उन्हें उन नियमों से ऊपर उठना ही होगा जो सुरक्षा के नाम पर उन्हें डरपोक बनाते हैं और व्यापार व्यवस्था, संगठनात्मक व्यवस्था तथा समूह व्यवहार की आड़ लेकर उन्हें उद्यम में जुटने से हतोत्साहित करते हैं। जैसाकि कहा गया है, चिंतन पूँजी है, उद्यम जरिया है और कड़ी मेहनत समाधान है।

हर राष्ट्र ने अपने लक्ष्यों को प्राप्त करने के लिए संघर्ष किया है। पीढ़ियों ने अपनी संतानों का जीवन बेहतर बनाने के लिए अपना सर्वोत्तम सौंपा है। इसमें कोई रहस्य या दुराव-छिपाव नहीं है, कोशिश का कोई विकल्प हो ही नहीं सकता। इसके बावजूद हम जीत के मार्ग पर बढ़ने से चूक जाते हैं। भूमंडलीय व्यापार व्यवस्था, मंदी, मुद्रास्फीति, घुसपैठ, अस्थिरता जैसी तमाम बाहरी समस्याओं से कहीं ज्यादा चिंता मुझे उस जड़ता की है जिसने राष्ट्रीय मानस को जकड़ा हुआ है; मैं पराजय की मानसिकता को लेकर बहुत चिंतित हूँ। मेरा मानना है कि जब हमें अपने लक्ष्यों पर भरोसा

होता है तब हम जो भी सपना देखते हैं वह साकार हो सकता है, परिणाम ऐसे में स्वत: सामने आते हैं। 'तेजस्वी मन' अपने भीतर यही विश्वास जगाने तथा उन चीजों को दूर हटाने के बारे में है जो हमें आगे बढ़ने से रोकती हैं।

वास्तव में यही वह केंद्रीय विचार रहा है जिसे यह पुस्तक लिखने के दौरान मैंने ध्यान में रखा। विकसित भारत का मेरा स्वप्न सच हो और मेरे देशवासी जीवन में इसे साकार होते देखें। मैंने खुद अपने तरीके से अपने विश्वास पर अमल किया है, ताकि मैं वह सब कर सकूँ जो मुझे अच्छा लगता है। अलबत्ता, मेरी कोशिश हमेशा मार्गदर्शन भर करने की रही है, न कि अपने विचार दूसरों पर थोपने की।

आप इस पुस्तक में बेहद स्पष्ट संदेश पाएँगे—एक विकसित राष्ट्र के रूप में आगे बढ़ें या फिर चिरंतर गरीबी में जीते हुए नष्ट हो जाएँ, अथवा उन गिने-चुने देशों की जी-हुजूरी करते रहें जो पूरी दुनिया पर राजनीतिक और आर्थिक रूप से नियंत्रण रखे हुए हैं। इनसे इतर और कोई विकल्प हो ही नहीं सकते!

इस पुस्तक के नौ अध्यायों में मैंने कई विषयों को शामिल किया है। मैंने शुरुआत की है शांति पर चिंतन करते हुए, क्योंकि इसके बगैर प्रगति असंभव है और फिर मैंने अपने जीवन की दिशा में आए उस बदलाव पर चर्चा की है जो एक हेलिकॉप्टर दुर्घटना में बाल-बाल बचने के बाद मैंने अपने आपमें महसूस किया। एक अध्याय देश भर के बच्चों के साथ मेरे साक्षात्कार पर आधारित है। अन्य अध्यायों में साधु-संतों, वैज्ञानिकों, असाधारण विचारकों आदि से मिलने से मिली अंतर्दृष्टि के बारे में है। कृषि तथा चिकित्सा के क्षेत्र में हो रहे कुछ महत्त्वपूर्ण प्रयोगों का लेखा-जोखा भी है। बीच-बीच में उन अवधारणाओं की भी चर्चा की है जिनमें समाधान के बीज छिपे हैं। कुल मिलाकर पुस्तक की विषयवस्तु इस राष्ट्र के लोगों की ही देन है। यह वही है जो उन्होंने मुझे सिखाया है।

यह पुस्तक भारत और अपने देशवासियों की क्षमता के प्रति मेरे भरोसे की अभिव्यक्ति है। हमारे पास वे सभी संसाधन हैं जो हमें चाहिए, चाहे वे लोग हों, प्रतिभा हो, प्राकृतिक संपदा या अन्य संपत्ति ही क्यों न हो।

सचमुच भारत में संसाधनों की प्रचुरता है, भले ही वह फिलहाल सुप्तावस्था में हैं। संसाधनों की कमी हमारी समस्याओं का कारण नहीं है। हमारी समस्याएँ दरअसल, उनके प्रति हमारे नजरिए की देन हैं। हम अपने संसाधनों की तह को मानो अत्यधिक फैलाकर उन्हें बेहद बारीक बना रहे हैं। जितने संसाधन हमारे पास हैं और जितना धन हम खर्च करते हैं उससे तो हम जो फिलहाल कर पा रहे हैं उसका तीन गुना कार्य और वह भी जितना अमूमन समय हम लेते हैं उससे आधे समय में कर सकते हैं, बशर्ते हम मिशन भावना से प्रेरित होकर अपने देश के दूरगामी हितों को ध्यान में रखकर काम करें। दूरदृष्टि ही हर क्षेत्र में बेहतर परिणाम सामने लाती है।

हमें अपने रास्ते बदलने ही होंगे। हमारे नीति-निर्धारण का काम अधिक अनुकूल तथा दक्ष होना चाहिए, ताकि दमघोंटू माहौल में काम कर रहे हमारे उद्यम स्वतंत्र हो सकें। इसका मूल मंत्र यही है कि अलग-अलग विभागों की प्राथमिकताओं पर जोर देने की बजाय विभिन्न विभागों के बीच बेहतर तालमेल बैठाया जाए। विचारों की बजाय समीक्षाएँ कहीं ज्यादा उपलब्ध होती हैं। हर रास्ते को कोई-न-कोई बाधा रोके हुए है। जड़ता में फँसी इन ऊर्जाओं और दमित प्रयासों को मुक्त कराने की तथा उन्हें सार्थक रूप में नियंत्रित करने की जरूरत है। इसके लिए हमें हमेशा कहीं और से अपने प्रतिमान उधार लेने की जरूरत नहीं है। मैं नहीं मानता कि अमेरिकी, जापानी या सिंगापुरी समाधान हमारे यहाँ कारगर साबित होंगे। दूसरों के दरवाजों पर दस्तक देना व्यर्थ ही है। सिद्धांतों का आयात करने और अवधारणाओं का प्रत्यारोपण करने की बजाय हमें अपने खुद के समाधान विकसित करने चाहिए। हल तलाशने के लिए बाहर देखने की बजाय हमें अपने भीतर झाँकना होगा।

मुझे उम्मीद है कि जब आप इन नौ अध्यायों को पढ़ेंगे तो आपको भी वही मार्गदर्शन प्राप्त होगा जो मुझे अपने देशवासियों से मिला है और तब आप खुद को उस ज्ञान से जुड़ा महसूस करेंगे जो इस भारतभूमि की विशेषता है। एक विकसित देश की वास्तविकता हमारे दैनिक जीवन का हिस्सा बन जाएगी। हो सकता है कि आज से बीस साल बाद मैं न रहूँ। लेकिन मुझे पूरा विश्वास है कि आपमें से कई सफलता के गौरव को बाँटने के लिए मौजूद

होंगे और तब आप मेरी बात से सहमत होंगे कि मैं जो इतना विश्वस्त था वह ठीक ही था।

इस पुस्तक को अंतिम रूप देने में कई मित्रों और सहयोगियों ने मेरी मदद की है। मैं उन सभी का कृतज्ञ हूँ। श्री वाई.एस. राजन, डॉ. ए. शिवधनु पिल्लै तथा डॉ. एम.एस. विजयराघवन के प्रति विशेष आभार है, जिन्होंने मेरे विचारों को ठोस आकार देने में महत्त्वपूर्ण योगदान दिया। मैं श्री एच. शेरिडॅन का भी आभारी हूँ, जिन्होंने मेरे शब्दों को कुशलतापूर्वक सीधे लैपटॉप कंप्यूटर में कैद किया, मेरी पुस्तक 'अग्नि की उड़ान' के सह-लेखक प्रो. अरुण के. तिवारी की लेखन प्रतिभा ने इस पुस्तक की पांडुलिपि को पर्याप्त सँवारा। मैं उनके इस सहयोग की हृदय से सराहना करता हूँ। पेंगुइन बुक्स के श्री कृष्ण चोपड़ा का मैं आभारी हूँ, जिन्होंने विचारों के उभरने से लेकर पुस्तक के लेखन तक मुझे निरंतर सहयोग दिया।

—ए.पी.जे. अब्दुल कलाम

अनुक्रम

स्वप्न और संदेश

स्वप्न, स्वप्न, स्वप्न!
स्वप्नों में छिपा है सृजन।
स्वप्नों की मूर्त-छवि
होते विचार हैं
जिनसे जन्मा कर्म
करता निर्माण है।
विचारों से पैदा होते हैं कर्म।

30 सितंबर, 2001 को मैं राँची (झारखंड) से बोकारो जा रहा था। जिस हेलिकॉप्टर में मैं सवार था उतरने से ठीक पहले दुर्घटनाग्रस्त हो गया। उसके इंजन में कुछ खराबी आ गई थी, जिससे वह जोरदार झटके के साथ जमीन पर आ गिरा। पर उसमें सवार हम सभी यात्री बाल-बाल बच गए। मैंने ईश्वर का शुक्रिया अदा किया, इस घटना से जरा भी विचलित हुए बिना, अपने पूर्व निर्धारित कार्यक्रम के मुताबिक बोकारो में छात्रों को संबोधित करने चल दिया। रात में डॉक्टरों के एक दल ने मुझसे कहा कि दुर्घटना के आघात को हलका करने के लिए मुझे दवा लेनी ही चाहिए। उनके कहने पर मैंने दवा ले ली, जिसके असर से रोज के सोने के समय यानी रात एक बजे से काफी पहले ही मुझे नींद आ गई। सवेरे मैं हर रोज छह बजे उठ जाया करता हूँ, मगर उस दिन आठ बजे के बाद ही जाग पाया।

उस रात मैं नींद में भी बेचैन रहा। जागते-सोने के बीच विचारों की एक रेलगाड़ी सी रात भर चलती रही। ईश्वर की सबसे सुंदर कृति अर्थात्

मानव जाति हिंसा से इस हद तक विभाजित क्यों है ? उस रात मैंने अपनी कल्पना में ऐसे पाँच लोगों को आपस में बातचीत करते सुना जो मानव की बेहतरीन विशेषताओं का प्रतिनिधित्व करते हैं और जिनका मैं काफी सम्मान करता हूँ। उनकी बातचीत से मैंने अपने प्रश्न का जवाब तलाशना चाहा। इस अनुभव में जो दरअसल, किसी सपने से भी कहीं ज्यादा तीव्र अनुभूति लिये था, लेकिन बेहतर शब्द न मिलने की वजह से इसे मैं स्वप्न ही कहूँगा, मैंने खुद को एक रेगिस्तान में पाया; जहाँ मीलों दूर तक रेत-ही-रेत पसरी हुई थी। आसमान में पूरा चाँद चमक रहा था और रेगिस्तान चाँदनी में नहाया हुआ था। पाँच आदमी—महात्मा गांधी, अल्बर्ट आइंस्टाइन, सम्राट् अशोक, अब्राहम लिंकन तथा खलीफा उमर एक घेरा बनाकर खड़े थे। तेज हवा में फहराते उनके धवलित वस्त्र पवित्र एवं शोभायमान लग रहे थे।

मैं सम्राट् अशोक के बराबर में खड़ा हुआ खुद को बौना महसूस कर रहा था। अशोक ने दो जीवन जिए थे, एक क्रूर विजेता का और दूसरा एक रहमदिल शासक का। मैं उस अशोक के साथ खड़ा था जो अभी जीतकर लौटा था। लेकिन उसे इस जीत की भारी कीमत चुकानी पड़ी थी—कलिंग युद्ध में तीन लाख लोगों को अपनी जान से हाथ धोना पड़ा था और लगभग इतने ही घायल हुए थे। मैंने देखा कि सभी लोग अशोक को देख रहे थे जो घुटनों के बल और अपना कवच तथा ताज उतार चुके थे। उनके पीले पड़े चेहरे पर मौत की परछाईं साफ दिखाई दे रही थी। उन्होंने आसमान की ओर देखा। उन्होंने चमकते शीतल चंद्रमा को निहारा और धरती माँ पर बरसती ईश्वरीय कृपा को देखा। फिर उन्होंने उस भयानक दृश्य को देखा जिसे उन्होंने रचा था और जिसमें हर तरफ रक्त-ही-रक्त बह रहा था। सौंदर्य और दहशत के उस क्षण में, उजली चाँदनी और जमीन पर बिखरे दुःख-दर्द से भरे क्षण में—जबकि स्वयं प्रकृति उसके खिलाफ बोलती प्रतीत हो रही थी, जो उनका किया-धरा था—अहिंसा धर्म का जन्म हुआ। सम्राट् अशोक ने इस शिक्षा के आधार पर मानव जाति में प्रेम का प्रसार करने के ईश्वरीय आदेश को स्वीकार कर लिया।

मैं वहाँ खड़ा था और हैरान हो रहा था। क्यों हुआ कलिंग युद्ध ? और फिर क्यों हुई महात्मा गांधी और अब्राहम लिंकन की हत्या ? तथा उनके

जैसी अन्य कई हुतात्माओं की भी? क्या सर्वशक्तिमान् ईश्वर से अपनी कृति में कोई चूक हो गई है? क्या दूसरे सर्जन के लिए मानव जाति का विनाश अवश्यंभावी है?

उस दिव्य सन्नाटे को भंग करते हुए महात्मा बोले, 'मित्रो! जो दिव्य संदेश हमें सुनाई दे रहा है वह सर्जन का संदेश है। चूँकि हम सभी धरती ग्रह के निवासी हैं, इसलिए हम मानवता को संदेश दे सकते हैं कि किस प्रकार अलग-अलग नस्लों, धर्मों और भावनाओं के लोग शांतिपूर्वक, सौहार्द तथा संपन्नता के साथ मिल-जुलकर रह सकते हैं।

'सर्वशक्तिमान् ईश्वर ने हम सभी को कुछ-न-कुछ ऐसी अद्भुत विशेषता दी है जिसे अपने कर्मों तथा विचारों से हम मानवता को सौंपते हैं। क्या यह सचमुच काम करती है या कोई अन्य दिव्य संदेश या शिक्षा है? दिव्य सौंदर्य को मनुष्यों की आत्मा में प्रवेश करना चाहिए, जिससे शरीर तथा मस्तिष्क में प्रसन्नता का संचार हो। क्या ऐसा संभव है?'

अशोक ने कहा, 'मित्रो! मैंने तो एक बात समझी है और वह यह कि किसी को दुःख पहुँचाकर जीत हासिल नहीं की जा सकती। असली विजय तो शांति का साम्राज्य है।'

खलीफा उमर बोले, 'यरुशलम में प्रवेश करने के बाद मैंने जाना कि सभी इनसान बराबर हैं। दूसरों को आपके रास्ते पर चलने के लिए मजबूर करना बेतुकी बात है। आपको सिर्फ वही मिलेगा जो आपके भाग्य में लिखा है। ईश्वर ही एकमात्र सत्ता है।'

खलीफा उमर ने खुद की हैसियत को कभी उन खास अधिकारों के आईने से नहीं देखा था जो उन्हें प्राप्त थे। उनके लिए तो शासन चलाना पवित्र भरोसे की तरह था और उन्होंने भरपूर कोशिश की कि यह भरोसा किसी भी तरह से टूटे नहीं।

अब आइंस्टाइन की बारी थी, 'मैं अपने दोस्त वर्नर हाइसनबर्ग के विचार दोहराना चाहूँगा—आप जानते ही हैं कि पश्चिम में हमने एक विशाल समुद्री जहाज का निर्माण किया है। उसमें हर तरह की सुख-सुविधा है, लेकिन एक चीज नदारद है—उसमें कोई दिशासूचक नहीं है जो उसे बता सके कि किस दिशा की तरफ बढ़ना है। टैगोर तथा गांधी और उनके आध्यात्मिक

पूर्वजों को यह दिशासूचक मिल गया था। इस यंत्र को मानव रूपी जहाज में क्यों नहीं रखा जा सकता, जिससे कि दोनों ही मकसद पूरे हो सकें ?'

इसपर महान् अमेरिकी नेता अब्राहम लिंकन, जिन्होंने गुलामी प्रथा के खिलाफ संघर्ष छेड़ा था और जिनका जीवन कई मायनों में महात्मा के ही समान था, बोले, 'मैं सिर्फ एक बात कहना चाहता हूँ—प्रसन्नता एक परिवार के विभिन्न स्तरों पर संबंध होने से मिलती है। ईश्वरीय कृपा से ही मानव जीवन को आनंद की प्राप्ति होती है। धरती पर ईश्वरीय जीवन के दो तत्त्व प्रसन्नता तथा आनंद हैं। शायद लोगों और राष्ट्रों के बीच इतना संघर्ष इस कारण से है कि समृद्धि बटोरने की अपनी चाह के चलते हमने इन दो तत्त्वों को बिसरा दिया है। हमें खुद से यह जरूर पूछना चाहिए कि मानव चेतना की क्या भूमिका है ? क्या राजनीतिक सोच, वैज्ञानिक सोच तथा धर्मशास्त्रीय सोच में उसकी कोई भूमिका है ? क्या जीवन व्यापार में आध्यात्मिकता की स्वीकार्यता है ?'

महात्मा गांधी ने ऋषि अष्टावक्र को याद किया, जिन्होंने कहा था, 'हे मेरे पुत्र! तुम स्वयं वह चेतना हो जिसके भीतर से इस ब्रह्मांड की रचना हुई है, और जो तुमसे अलग नहीं है। तो फिर किसी के भी स्वीकार्य या अस्वीकार्य होने का प्रश्न ही कहाँ उठता है ?' आइए, शोषण और संघर्ष को त्याग शांति तथा समृद्धि को जीवन कर्म का अंग बनाएँ।

'इस ग्रह के लिए यही हमारा संदेश है। हम जो कुछ भी करें, जो भी सिद्धांत प्रतिपादित करें, वह मानवता की भलाई के लिए ही होना चाहिए।'

अगली सुबह मैं चाय पीते हुए इस विचित्र स्वप्न के बारे में सोचता रहा। क्या होता अगर हेलिकॉप्टर कुछ अधिक ऊँचाई पर नियंत्रण खो देता! मेरी इस दुर्घटना से कुछ घंटे पहले ही एक महत्त्वपूर्ण नेता तथा कुछ प्रतिभावान् पत्रकारों को ले जा रहा हवाई जहाज दुर्घटनाग्रस्त हो गया था और वे सभी लोग मारे गए थे। मैं सौभाग्यशाली था जो बच गया। और फिर रात को यह विचित्र अनुभव! क्या यह मेरे लिए कोई संदेश लेकर आया है ? मुझे क्या करना चाहिए ?

मैंने खिड़की से बाहर झाँका। सूरज चढ़ आया था और पुरवाई बह रही थी। मैं हमेशा ही प्रकृति के नजदीक रहा हूँ और उसे हमेशा एक दोस्त

की तरह पाया है, जो बगैर किसी संकोच के बस देना ही जानती है, आम के उस पेड़ की तरह जिस पर लोग पत्थर फेंकते हैं, उसकी शाखाओं को तोड़ डालते हैं, मगर इसके बावजूद वह थके-हारे मुसाफिरों को छाँव और भूखों को फल देता है। रामेश्वरम्, थुंबा या चंडीपुर का समुद्र रहा हो, पोखरण का रेगिस्तान हो अथवा हैदराबाद की अनगढ़ चट्टानें, प्रकृति ने हर उस जगह पर अपनी उपस्थिति दर्ज कराई है जहाँ मैं काम करता रहा हूँ। इस वजह से मुझे हमेशा यह बात याद रही है कि प्रकृति की सभी कृतियों में दिव्य शक्ति छिपी है।

मैं अपने सपने के बारे में सोच-विचार करता रहा, जबकि मानव जाति में विनाश की जबरदस्त क्षमता मौजूद है। इतिहास बताता है कि अच्छी ताकतों ने मानव जीवन को बेहतर बनाने के लिए हमेशा कड़ा संघर्ष किया है। इस तरह एक तरफ हमारे सामने गांधी तथा अन्य महान् संत-महात्मा और शिक्षक हुए हैं, जिन्होंने सुखी तथा मूल्य आधारित जीवन की शिक्षा दी, जबकि दूसरी ओर, दूसरे महायुद्ध में लाखों लोगों की मौत और अणु बम गिराए जाने की घटनाएँ हैं; जिसने भरे-पूरे दो शहरों को बरबाद कर डाला। बोसनिया संघर्ष में हजारों लोग मारे गए, इजराइल-फिलिस्तीन संघर्ष में मौतों का सिलसिला अब भी जारी है और 11 सितंबर, 2001 को तो आतंकवादियों ने न्यूयॉर्क स्थित वर्ल्ड ट्रेड सेंटर पर अभूतपूर्व ढंग से हमला कर कहर बरपा डाला। अपने देश में भोपाल गैस त्रासदी को ही लें, जिसमें एक बहुराष्ट्रीय कंपनी की लापरवाही के चलते तीस हजार लोग मारे गए थे और कश्मीर घाटी में जारी हिंसा में हजारों लोग मौत की नींद सुलाए जा चुके हैं। 13 दिसंबर, 2001 को जब भारत के कई नेता संसद् के भीतर थे तो आतंकवादियों ने पूरे देश को हिलाकर रख देने का दुस्साहस कर डाला। यह सब कहाँ जाकर रुकेगा? क्या हमारी नियति में अपने ही हाथों अपना विनाश करना लिखा है! नहीं, हमें इस सबका स्थायी समाधान खोजना ही होगा।

मुझे 'जीवन वृक्ष' नामक अपनी वह कविता याद आ रही है जो मैंने कुछ वर्ष पहले लिखी थी—

तुम मानव जाति मेरी श्रेष्ठ कृति
तुम जियो, जियो और जियो,

तुम दो, दो और देते रहो तब तक
जब तक तुम बँध न जाओ एक डोर में
खुशी और गम की डोर में
प्रेम अविरल है
प्रेम ही है मानवता का अभियान
जिसे तुम हर रोज देखोगे जीवन वृक्ष में
तुम सीखो और सीखो
तुम मानव जाति मेरी श्रेष्ठ कृति।

अपने स्वप्न में जिन पाँच महापुरुषों को मैंने देखा था वे अलग-अलग काल में हुए थे। आधुनिक संसार में ऐसे इनसान बहुत कम ही होंगे जो उन विशेषताओं का प्रतिनिधित्व करते हैं, जो मस्तिष्क की प्रकृति को समझने से पैदा होती हैं। एक बार एक बच्चे ने मुझसे पूछा कि क्या मैंने 'महाभारत' को पढ़ा है और अगर हाँ तो उसका कौन सा चरित्र मुझे सबसे प्रिय है। उस महाकाव्य के बहुपक्षीय चरित्र मानव स्वभाव के लगभग सभी पहलुओं, अच्छे तथा बुरे दोनों, को बखूबी दरशाते हैं। मैंने उस बच्चे को बताया कि मैं महात्मा विदुर के चरित्र से खासा प्रभावित हुआ, जिन्होंने सत्ता की गलत हरकतों के खिलाफ आवाज उठाई। और जिनमें अधर्म की ज्यादतियों के विरुद्ध उस स्थिति में भी मोरचा खोलने का साहस था जब बाकी सभी ने हथियार डाल दिए थे।

आज हमारे नेताओं में से ऐसे एक भी विदुर को ढूँढ़ पाना कठिन है। इतने ज्ञानी मनुष्य के होने की कल्पना भी कर पाना मुश्किल है और उस ज्ञान की दशा को प्राप्त होने को लक्ष्य बनाना तो इससे भी ज्यादा दुरूह है। वर्तमान में सार्वजनिक जीवन का स्तर तो और भी निरुत्साहित करता है, बातचीत का छिछला स्तर और अहंकार, लालच, ईर्ष्या, नफरत, क्रूरता, लोभ, भय, चिंता तथा अशांति भी यही भाव जगाती हैं! मैंने अपने भीतर एक नई संकल्पशक्ति की सुबह होती महसूस की है।

एक महत्त्वपूर्ण फैसला लेते हुए मैंने तय किया कि मैं भारत की सच्ची तसवीर को यहाँ के बच्चों में तलाशूँगा। निर्णय के उस क्षण में मेरा अपना कार्य और स्वयं मैं मानो पृष्ठभूमि में चले गए। मेरा वैज्ञानिक कैरियर,

मेरी टीम, मेरे पुरस्कार—सबके सब गौण हो गए। मैंने उस शाश्वत मेधा का अंश बनने की ठानी जो स्वयं भारत है। मैंने हँसते-चहकते बच्चों के साथ मेलजोल बढ़ाकर, स्वयं से पार जाकर अपने भीतर को खोज पाने की अर्थात् अपने ही भीतर मौजूद स्वयं के उच्च धरातल को तलाश लेने की उम्मीद जगाने की सोच ली।

कहा जाता है कि हर व्यक्ति अपने जीवन काल में अलग-अलग चरणों से गुजरता है। डॉ. वायन डब्ल्यू. डायर ने अपनी पुस्तक 'मैनीफेस्ट योर डेस्टिनी' में इन चरणों को दिलचस्प ढंग से विभाजित किया है—धावक या खिलाड़ी का चरण, योद्धा का चरण, सत्ताधारी चरण और महापुरुष का चरण। मुझे लगता है कि राष्ट्र भी इसी तरह से अलग-अलग दौर से गुजरते हैं और इसी वर्गीकरण को राष्ट्रों की स्थिति में देखें तो अंतिम दो चरणों को मैं 'बिग ब्रदर' यानी 'बड़ा भाई' और स्वानुभूति चरण के नाम से पुकारता हूँ। जरूरी नहीं कि ये चरण सिलसिलेवार हों, इनका साथ-साथ भी अस्तित्व हो सकता है, जिसमें एक पक्ष अन्य के मुकाबले अधिक हावी हो।

कोई भी राष्ट्र अपनी आजादी के संघर्ष से उबरकर जब धावक चरण में प्रवेश करता है तो वह ऊर्जा से सराबोर होने के कारण प्रदर्शन तथा उपलब्धियों की दौड़ में शामिल हो जाता है। जापान, सिंगापुर और मलेशिया में यही हुआ है।

इस चरण को छोड़ने के बाद एक देश योद्धा के चरण में पहुँचता है। अपनी उपलब्धियों पर गर्व के भाव से भरा-पूरा वह राष्ट्र दूसरों के मुकाबले स्वयं की बेहतर स्थिति को दर्ज भी करवाना चाहता है और कभी-कभी वह उन्हें पराभूत कर ऐसा करता है। ऐसे में उसका अहम् ही उसे संचालित करता है। इस चरण से गुजरने के दौरान लोग अपने मुकाम तथा उपलब्धियाँ हासिल करने की दौड़ में व्यस्त रहते हैं; और जैसा डायर ने भी लिखा है कि तब उन्हें चिंता आ घेरती है। दूसरों को अपनी उत्कृष्टता का लोहा मनवाना ही मुख्य ध्येय होता है।

अगले चरण अर्थात् 'बड़े भाई' के दौर तक आते-आते अहम् भाव में कुछ ठहराव आ चुका होता है और नई-नई प्रौढ़ता के चलते जागरूकता उन्हें दूसरे देशों तथा समाजों के लिए क्या महत्त्वपूर्ण है, यह सोचने को प्रेरित

करती है। इस चरण में भी राष्ट्र उपलब्धियों के भाव से तो भरा होता है, परंतु वह अपनी ताकत को जताने के लिए बेचैन नहीं होता। उनकी मूल सोच तब दूसरों की स्थिति में सुधार लाने की होती है। पूर्व सोवियत संघ ने कुछ देशों में विकास गतिविधियाँ प्रारंभ कर यही भूमिका निभाई थी। जिस तरह किसी व्यक्ति के लिए योद्धा के चरण से निकलकर 'बड़े भाई' की भूमिका ओढ़ना कठिन काम है उसी तरह राष्ट्रों के लिए भी यह दौर लाभकारी होने के साथ-साथ कठिन भी होता है।

इस 'बड़े भाई' की भूमिका वाले चरण से बढ़कर भी एक चरण है। इसमें पहुँचकर ही कोई राष्ट्र अपना वास्तविक सार तलाश पाता है। यहाँ तभी पहुँचा जा सकता है जब किसी राष्ट्र को यह समझ आ जाती है कि यह धरती किसी एक देश की बपौती नहीं है बल्कि सभी की है, और जब उसके नागरिक अन्य इनसानों के प्रति अपने दायित्वों को बखूबी समझ लेते हैं। इसे स्वानुभूति का चरण कहा जा सकता है और भारत के पास इसे प्राप्त करने की क्षमता निश्चित रूप से हो सकती है।

लगभग तैंतालीस वर्षों के अपने कार्यकाल में मैंने कई संस्थानों को अपनी कर्मभूमि बनाया है। परिवर्तन महत्त्वपूर्ण है। इससे नए विचार आते हैं। ये नए विचार ही कुछ नया सर्जनात्मक कार्य करवाते हैं। 15 अगस्त, 2001 को मैंने फिर से बदलाव करने का फैसला किया। मैंने प्रधानमंत्री अटलबिहारी वाजपेयी को अपने इरादे से अवगत कराया। मैंने इससे पहले भी कुछ मौकों पर उन्हें मुझे कार्यमुक्त कर देने की बात कही थी; लेकिन तब उन्होंने मुझे सलाह दी कि मैं अपना काम जारी रखूँ; और उनकी बात रखी भी गई।

रॉकेट क्षेत्र में बीता मेरा पूरा जीवन जैसे विभिन्न चरणों में बँट गया। हर चरण को, रॉकेट के कुछ आगे ले जाकर उसके प्रक्षेपण-पथ में डालने के बाद अलग कर दिया जाता है। मैंने सन् 1963-82 के दौरान भारतीय अंतरिक्ष अनुसंधान संगठन में काम किया। सन् 1980 में भारत ने अपने पहले उपग्रह प्रक्षेपण यान को प्रक्षेपित किया, जिसने रोहिणी उपग्रह को उसकी कक्षा में भेजा और इस तरह हमारा देश विशिष्ट अंतरिक्ष क्लब का सदस्य बन गया। मैंने एसएलवी-3 अभियान के परियोजना निदेशक के तौर

पर टीम का नेतृत्व किया था। हमारे इस प्रयास में सफलता ने देश को उपग्रह प्रक्षेपण यान प्रौद्योगिकी तथा नियंत्रण, मार्गदर्शन, प्रोपल्शन और ऐरोडायनामिक्स में विशेषज्ञता दिलाने के साथ-साथ विभिन्न रॉकेट प्रणालियों का डिजाइन तैयार करना भी सिखा दिया। इस सबसे बढ़कर, इस परियोजना ने संगठन को अलग-अलग संस्थानों, जैसे अनुसंधान तथा विकास (आर एंड डी) प्रयोगशालाओं, उद्योगों और शैक्षिक संस्थाओं से प्राप्त सहयोग के आधार पर डिजाइन, विकास और प्रबंधन प्रणालियों में बेहतर क्षमताएँ विकसित कीं। साथ ही इस कार्यक्रम ने प्रौद्योगिकी और प्रबंधन के क्षेत्रों में नेतृत्व भी तैयार किया। इस परियोजना से जुड़े कई लोग आज विभिन्न अंतरिक्ष और रक्षा कार्यक्रमों में महत्त्वपूर्ण भूमिकाओं में कार्यरत हैं। यह मेरा पहला चरण था जिसमें मैंने तीन महान् अध्यापकों से नेतृत्व के गुण सीखे। वे थे—डॉ. विक्रम साराभाई, प्रो. सतीश धवन और डॉ. ब्रह्म प्रकाश। यह मेरे लिए सीखने तथा ज्ञान बटोरने का समय था।

दूसरे चरण की शुरुआत सन् 1982 में रक्षा अनुसंधान और विकास संगठन (डी.आर.डी.ओ.) से मानी जा सकती है। यहाँ भी प्रक्षेपास्त्र प्रौद्योगिकी नियंत्रण व्यवस्था (एम.टी.सी.आर.) तथा परमाणु अप्रसार संधि (एन.पी.टी.) जैसे उपकरणों के जरिए प्रौद्योगिकी की मनाही की पृष्ठभूमि में टीम भावना ही प्रमुख थी। मुझे ऐसे कई दलों और प्रयोगशालाओं में काम करने का अवसर मिला जहाँ हमने सामरिक दृष्टि से महत्त्वपूर्ण प्रक्षेपास्त्रों के डिजाइन, विकास, उत्पादन और प्रचालन को सफलतापूर्वक अंजाम दिया। इस प्रकार के सामरिक रूप से महत्त्वपूर्ण प्रक्षेपास्त्र भारत को किसी भी देश से नहीं मिल सकते, भले ही उस देश के साथ हमारे कितने भी दोस्ताना संबंध क्यों न हों। इसी अवधि में उत्कृष्ट क्षमताओं से युक्त तीन नई प्रयोगशालाएँ तैयार हुईं। इनमें से एक हैदराबाद स्थित अनुसंधान केंद्र इमारत (आर.सी.आई.) प्रक्षेपास्त्र प्रौद्योगिकी से संबंधित थी, दूसरी मुख्यभूमि पर तथा तीसरी एक द्वीप पर, जो बंगाल की खाड़ी के तट पर चंडीपुर के नजदीक स्थित था। इनके अलावा, प्रयोंगशालाओं तथा शैक्षिक संस्थानों द्वारा ईजाद की गई महत्त्वपूर्ण प्रौद्योगिकी की बदौलत देश प्रक्षेपास्त्र प्रौद्योगिकी नियंत्रण व्यवस्था के दबावों से मुक्त होकर एक प्रौद्योगिक शक्ति के रूप में उभरा। हमारी टीम

अंतरमहाद्वीपीय बैलिस्टिक प्रक्षेपास्त्र (आई.सी.बी.एम.) समेत किसी भी प्रकार की प्रक्षेपास्त्र प्रणाली का निर्माण कर सकती थी। इस चरण के दौरान मुझे कई सफलताएँ और कुछेक असफलताएँ भी मिलीं। मैंने इन असफलताओं से सीखा और साहस के साथ उनका मुकाबला करने के लिए खुद को तैयार किया। यह मेरा दूसरा चरण था, जिसने मुझे असफलताओं के बीच प्रबंधन जैसा महत्त्वपूर्ण सबक सिखाया।

तीसरा चरण आणविक ऊर्जा विभाग (डी.ए.ई.) तथा डीआरडीओ और सशस्त्र सेना के बीच जबरदस्त तालमेल से भारत को परमाणु शस्त्र संपन्न राष्ट्र बनाने के अभियान में भागीदारी का हो सकता है। यह अभियान भी पूरी तरह सफल रहा।

लेकिन जब बच्चे मुझसे पूछते हैं कि 'पिछले चालीस वर्षों में मुझे किसने सबसे ज्यादा खुशी दी?' तो मैं उन्हें बताता हूँ कि मुझे सबसे अधिक प्रसन्नता तब होती है जब मैं हृदय रोगियों को अपनी धमनियों में कलाम-राजू कोरोनरी स्टेंट लगाए हुए और विकलांग बच्चों को, लाइटवेट फ्लोर रिएक्शन ऑर्थोसिस (एफ.आर.ओ.) कैलीपर्स लगाने के बाद उनकी तकलीफों को कुछ हलका होता देखता हूँ। ये दोनों ही प्रक्षेपास्त्र प्रौद्योगिकी की मदद से हमें मिले हैं।

इस चरण के दौरान मैं विज्ञान और प्रौद्योगिकी विभाग के अंतर्गत कार्यरत प्रौद्योगिकी सूचना, पूर्वानुमान तथा आकलन परिषद् (टी.आई.एफ.ए.सी.) का दो कार्यकालों तक (लगभग आठ वर्षों तक) अध्यक्ष रहा। इस अवधि में कुल मिलाकर पाँच सौ विशेषज्ञों के कार्य दलों के काम के आधार पर प्रौद्योगिकी विजन सन् 2020 को तैयार किया गया। इन कार्य दलों ने विभिन्न क्षेत्रों से जुड़े पाँच हजार वैज्ञानिकों और तकनीकविदों से प्राप्त जानकारी की मदद से यह काम किया था। बाद में प्रौद्योगिकी विजन दस्तावेज तथा राष्ट्रीय सुरक्षा के पहलुओं को मिलाकर भारत सहस्राब्दी मिशन (आई.एम.एम. 2020) तैयार किया गया।

नवंबर 1999 में जब मैंने भारत सरकार के प्रमुख वैज्ञानिक सलाहकार का पद भार सँभाला तो मेरे सामने इस योजना को विस्तृत करने तथा कार्यरूप देने की चुनौती थी। वास्तव में यह भारत को विकसित राष्ट्र में तब्दील

करने का रास्ता दिखाता है—देश के लिए मानो यह दूसरी अंतर्दृष्टि है। शिक्षा, कृषि तथा कई गाँवों का समन्वित विकास कार्य फिलहाल प्रगति पर है। इस विषय पर सरकारी मंजूरी प्राप्त करने के लिए केबिनेट का दस्तावेज पेश किया जा चुका है। इस तीसरे चरण के दौरान, संस्थागत भागीदारी से प्रौद्योगिकी के स्तर पर ऊर्जा बटोरना, समाज की जरूरतों के मुताबिक तकनीकों का अनुकूलन और देश के लिए अंतर्दृष्टि तैयार करने के कार्य में मैं व्यस्त रहा हूँ।

30 सितंबर, 2001 की हेलिकॉप्टर दुर्घटना ने मुझे एहसास कराया है कि तीसरे चरण को त्यागने का समय भी अब आ गया है। इस विचार ने फिर 2 अक्तूबर को और जोर पकड़ा जब महात्मा गांधी के जन्मदिन पर मैं केरल में कोल्लम में माता अमृतआनंदमयी के आश्रम में गया। उन्होंने नेताओं तथा उद्यमियों की नई पीढ़ी तैयार करने के लिए शिक्षा और अध्यात्म के एकीकरण पर जोर दिया। 12 अक्तूबर, 2001 को, जबकि सूर्य के चारों ओर मुझे सत्तरवीं परिक्रमा पूरी करने में तीन दिन बाकी थे, मैंने प्रधानमंत्री को अपने अवकाश प्राप्त करने के इरादे के बारे में औपचारिक रूप से बताया और एक महीने के भीतर ही कार्यमुक्त किए जाने का अनुरोध किया। इस बार वे कुछ नरम पड़े और मेरा अनुरोध स्वीकार कर लिया गया। इस बीच मैं स्कूलों में आता-जाता रहा। कई राज्यों, विशेषकर पूर्वोत्तर में असम और त्रिपुरा तथा झारखंड और तमिलनाडु के कुछेक स्थानों की यात्राओं के दौरान मैंने हजारों स्कूली बच्चों को (अंतिम गिनती तक यह संख्या पचास हजार तक जा पहुँची थी) संबोधित किया। मैंने पाया कि मैं इस आयु वर्ग के साथ अच्छी तरह संवाद स्थापित कर पाता हूँ; उनकी कल्पनाओं की उड़ानों में उनका साथ देने में मुझे विशेष कठिनाई नहीं होती। इससे भी ज्यादा महत्त्वपूर्ण तो यह है कि उनके साथ मेलजोल बढ़ाकर मैंने महसूस किया कि मैं उनके मन में विज्ञान के प्रति अलख जगा सकता हूँ और उसके जरिए भारत को विकसित राष्ट्र बनाने के अभियान से जोड़ सकता हूँ।

क्या यह मेरा चौथा चरण होगा? क्या मैं सफल रहूँगा? मैं सचमुच इस बारे में कुछ नहीं जानता। लेकिन एक बात मैं बहुत अच्छी तरह जानता हूँ और वह यह कि सपनों के प्रति संकल्पबद्ध होने से बढ़कर कोई ताकत

धरती पर तो क्या, स्वर्ग में भी नहीं है। सपनों में वह ऊर्जा समाई होती है जो दिलों में रहती है और सपने ही आध्यात्मिक तथा भौतिक पदार्थों को एक साथ लाते हैं।

मैं पिछले कई वर्षों से शोध और अध्यापन से जुड़ना चाह रहा था। इसी उद्देश्य से तथा स्कूली बच्चों के संपर्क में रहने की अपनी इच्छा के चलते मैं अन्ना विश्वविद्यालय, जो मेरा अपना विश्वविद्यालय भी रहा है, से जुड़ गया हूँ। रचनात्मकता और ऊर्जा से लबालब भरे युवाओं के बीच होना कितना सुखद एहसास देता है! इस विशाल ऊर्जा का रचनात्मक तरीके से राष्ट्र निर्माण की राह पर मार्गदर्शन करने की कितनी बड़ी जिम्मेदारी इस देश के बड़े लोगों पर है! हम अतीत में गँवाए जा चुके अवसरों तथा असफलताओं के कारण नुकसान की भरपाई किस प्रकार कर सकते हैं?

सार

अध्यात्म का शिक्षा के साथ समन्वय आवश्यक है। हमें स्वानुभूति को केंद्रित करना होगा। हम सभी को अपने-अपने उच्च बौद्धिक धरातल के प्रति जागरूक बनना होगा। हम महान् अतीत को उज्ज्वल भविष्य से जोड़ने वाली कड़ी हैं। हमें अपनी सुप्तावस्था में पड़ी आंतरिक ऊर्जा को प्रज्वलित करना होगा ताकि वह हमारा मार्गदर्शन कर सके। रचनात्मक प्रयास में रत ऐसी मेधाओं का प्रकाश इस देश में शांति, समृद्धि और सुख लाएगा।

□

हमें हमारा आदर्श दो

"इनसान अकसर वही बनता है जो वह अपने बारे में सोचता है। यदि मैं यह सोचने लगूँ कि मैं कुछ नहीं कर सकता तो मैं वाकई कुछ भी करने में असमर्थ रहूँगा; लेकिन जब मुझे यह विश्वास होगा कि मैं कर सकता हूँ तो मुझमें वह करने की योग्यता भी आ जाएगी, जो शुरू में मेरे पास नहीं थी।"

—*महात्मा गांधी*

मैं खासतौर से युवा छात्रों से ही क्यों मिलता हूँ? इस सवाल का जवाब तलाशते हुए मैं अपने छात्र जीवन के दिनों के बारे में सोचने लगा। रामेश्वरम् के द्वीप से बाहर निकलकर यह कितनी लंबी यात्रा रही! पीछे मुड़कर देखता हूँ तो विश्वास नहीं होता। आखिर वह क्या था जिसके कारण यह संभव हो सका? महत्त्वाकांक्षा? कई बातें मेरे दिमाग में आती हैं। मेरा खयाल है कि सबसे महत्त्वपूर्ण बात यह रही कि मैंने अपने योगदान के मुताबिक ही अपना मूल्य आँका। बुनियादी बात जो आपको समझनी चाहिए वह यह है कि आप जीवन की अच्छी चीजों को पाने का हक रखते हैं, उनका जो ईश्वर की दी हुई हैं। जब तक हमारे विद्यार्थियों और युवाओं को यह भरोसा नहीं होगा कि वे विकसित भारत के नागरिक बनने के योग्य हैं तब तक वे जिम्मेदार और ज्ञानवान् नागरिक भी कैसे बन सकेंगे!

विकसित देशों की समृद्धि के पीछे कोई रहस्य नहीं छिपा है। ऐतिहासिक तथ्य बस इतना है कि इन राष्ट्रों—जिन्हें जी-8 के नाम से पुकारा जाता है—

के लोगों ने पीढ़ी-दर-पीढ़ी इस विश्वास को पुख्ता किया कि मजबूत और समृद्ध देश में उन्हें अच्छा जीवन बिताना है। तब सच्चाई उनकी आकांक्षाओं के अनुरूप ढल गई।

मैं यह नहीं मानता कि समृद्धि और अध्यात्म एक-दूसरे के विरोधी हैं या भौतिक वस्तुओं की इच्छा रखना कोई गलत सोच है। उदाहरण के तौर पर, मैं खुद न्यूनतम वस्तुओं का भोग करते हुए जीवन बिता रहा हूँ, लेकिन मैं सर्वत्र समृद्धि की कद्र करता हूँ, क्योंकि समृद्धि अपने साथ सुरक्षा तथा विश्वास लाती है, जो अंतत: हमारी आजादी को बनाए रखने में सहायक हैं। आप अपने आस-पास देखेंगे तो पाएँगे कि खुद प्रकृति भी कोई काम आधे-अधूरे मन से नहीं करती। किसी बगीचे में जाइए। मौसम में आपको फूलों की बहार देखने को मिलेगी। अथवा ऊपर की तरफ ही देखें, यह ब्रह्मांड आपको अनंत तक फैला दिखाई देगा, आपके यकीन से भी परे।

जो कुछ भी हम इस संसार में देखते हैं वह ऊर्जा का ही स्वरूप है। जैसा कि महर्षि अरविंद ने कहा है कि हम भी ऊर्जा के ही अंश हैं। इसलिए जब हमने यह जान लिया है कि आत्मा और पदार्थ दोनों ही अस्तित्व का हिस्सा हैं, वे एक-दूसरे से पूरा तादात्म्य रखे हुए हैं तो हमें यह एहसास भी होगा कि भौतिक पदार्थों की इच्छा रखना किसी भी दृष्टिकोण से शर्मनाक या गैर-आध्यात्मिक बात नहीं है।

इसके बावजूद अकसर हमें यही विश्वास दिलाया जाता है। न्यूनतम में गुजारा करने और जीवन बिताने में भी निश्चित रूप से कोई हर्ज नहीं है। महात्मा गांधी ने ऐसा ही जीवन जिया था, लेकिन जैसा कि उनके साथ था, आपके मामले में भी यह आपकी पसंद पर निर्भर करता है। आपकी ऐसी जीवन-शैली इसलिए है क्योंकि इससे वे तमाम जरूरतें पूरी होती हैं जो आपके भीतर की गहराइयों से उपजी होती हैं। लेकिन त्याग की प्रतिमूर्ति बनना और जोर-जबरदस्ती से चुनना—सहने का गुणगान करना—अलग बातें हैं। हमारी युवा शक्ति से संपर्क कायम करने के मेरे फैसले का आधार भी यही रहा है। उनके सपनों को जानना और उन्हें बताना कि अच्छे, भरे-पूरे और सुख-सुविधाओं से पूर्ण जीवन के सपने देखना तथा फिर उस स्वर्णिम युग के लिए काम करना सही है। आप जो कुछ भी करें वह आपके

हृदय से किया गया हो, अपनी आत्मा को अभिव्यक्ति दें और इस तरह आप अपने आस-पास प्यार तथा खुशियों का प्रसार कर सकेंगे।

मेरी ऐसी पहली बैठक त्रिपुरा के एक हाई स्कूल में आयोजित हुई। बैठक में लगभग पाँच सौ छात्र और अध्यापक मौजूद थे। भारत को विकसित देश बनाने की राष्ट्रीय परिकल्पना पर मेरे विचार सुनने के बाद कई सवाल उठे, जिनमें से मैं दो पर यहाँ चर्चा करना चाहूँगा। पहला सवाल था—'हम अपना आदर्श कहाँ से चुनें और आपको कोई आदर्श कैसे मिल सकता है?'

हमें भले ही इस बात की जानकारी हो या नहीं, मगर यह सच्चाई है कि अपने बचपन से लेकर जीवन के अगले तमाम चरणों में हम अपने आदर्श बनाते रहते हैं। मैंने उनसे कहा, 'जब आप बड़े हो रहे होते हैं तो एक खास उम्र तक, मसलन पंद्रह साल तक आपके सर्वोत्तम आदर्श आपके पिता या माता अथवा आपके अध्यापक हो सकते हैं।' मेरे विचार से ये ही वे लोग होते हैं जो उस अवधि में आपका अच्छा मार्गदर्शन कर सकते हैं। मैंने वहाँ उपस्थित अध्यापकों और अभिभावकों से कहा कि उनके ऊपर बहुत बड़ी जिम्मेदारी है। व्यक्तिगत रूप से भी मेरा मानना है कि किसी भी बच्चे का सार्वभौमिक मूल्यों पर आधारित संपूर्ण विकास इन लोगों के माध्यम से ही होता है। मेरे अपने घर में, जब मैं बड़ा हो रहा था तो अपने माता-पिता को हर रोज पाँच बार नमाज अदा करते हुए देखता था और देखता कि अपनी साधारण माली हालत के बावजूद वे हमेशा जरूरतमंद लोगों की मदद किया करते। मेरे अध्यापक श्री शिवसुब्रह्मण्य अय्यर ने ही मेरे पिता को इस बात के लिए तैयार किया कि पैसे की तंगी के बावजूद वे मुझे स्कूल पढ़ने भेजें। हर अभिभावक का इस बात के लिए राजी होना महत्त्वपूर्ण है कि वे अपने बच्चों को नेक इनसान बनाने की कोशिश करें—ज्ञानवान् और परिश्रमी इनसान। अध्यापक को, जो कि बच्चों के सीखने और ज्ञान की दुनिया का झरोखा होता है, उनमें रचनात्मकता का संस्कार डालने के लिए उनका आदर्श बनना होगा। यह त्रिकोण ही वह आदर्श बनाता है, जिसकी कल्पना मैंने की है। मैं तो यहाँ तक कहूँगा कि अगर अभिभावक और अध्यापक युवाओं का जीवन सँवारने के लिए आवश्यक समर्पण की भावना रखें तो भारत को एक नया जीवन मिल सकता है। जैसा कि कहा भी गया है—अभिभावकों के पीछे

स्कूल खड़ा होता है और अध्यापक के पीछे होता है घर। शिक्षा तथा अध्यापक-छात्र संबंध को व्यापारिक दृष्टि से देखने की बजाय राष्ट्र के विकास को ध्यान में रखकर देखना होगा। उपयुक्त शिक्षा हमारे युवकों में गरिमा तथा आत्मसम्मान की भावना का पोषण करेगी। ये वे गुण हैं जो कोई कानून तैयार नहीं करवा सकता, इन्हें तो हमें खुद से ही पैदा करना होगा।

बच्चों को यह जवाब सुनकर अच्छा लगा, लेकिन मैं नहीं जानता कि अभिभावकों तथा अध्यापकों ने इससे कोई संदेश लिया या नहीं।

एक लड़की ने गंभीरता से पूछा, 'हर रोज हम अखबारों में आतंकवादियों के बारे में पढ़ते हैं या माँ-बाप को इस विषय पर बात करते हुए सुनते हैं। ये कौन होते हैं ? क्या ये हमारे ही देश के लोग हैं ?' इस सवाल ने सचमुच मुझे झकझोर दिया। मैं खुद इसका जवाब तलाश रहा था। वे हमारे अपने लोग हैं। कभी-कभी हम राजनीतिक और आर्थिक अलगाव से उन्हें पैदा करते हैं। या फिर वे कट्टर लोग हो सकते हैं जिन्हें कभी-कभी हमारे दुश्मन देश भड़काते हैं, ताकि आतंकवाद के जरिए सामान्य जन-जीवन को अस्त-व्यस्त किया जा सके। मैंने श्रोताओं की तरफ देखा, अपने आस-पास बैठे लोगों को देखा, अध्यापकों को देखा और यहाँ तक कि जवाब के लिए आसमान तक को ताका। मैंने कहा, 'बच्चो! मुझे हमारे महाकाव्यों 'रामायण' और 'महाभारत' की याद हो आई है। 'रामायण' में दिव्य चरित्र राम और राक्षस रावण के बीच युद्ध हुआ था। यह एक लंबा युद्ध था, जिसमें आखिरकार राम की जीत हुई थी। महाभारत में कुरुक्षेत्र में युद्ध हुआ था। उसमें भी अच्छाई और बुराई की लड़ाई में धर्म की ही जीत हुई थी। युद्ध कई होते हैं, लेकिन अंततः विजय शांति की ही होती है। हमने अपने समय में भी अच्छाई और बुराई के बीच युद्ध देखे हैं—उदाहरण के तौर पर दूसरा महायुद्ध। मुझे लगता है कि अच्छाई और बुराई दोनों साथ-साथ कायम रहेंगी। सर्वशक्तिमान् इन दोनों की ही कुछ हद तक मदद करता है। संपूर्ण मानव इतिहास में यह सवाल ही मुख्य रूप से छाया रहा है कि किस प्रकार आध्यात्मिक विकास के जरिए इस बुराई को कम-से-कम किया जाए।'

एक अन्य अवसर पर मैंने तमिलनाडु में दिंडिगुल के सेंट मेरीज स्कूल की पचहत्तवीं वर्षगाँठ के सिलसिले में आयोजित समारोह में एक

विशाल सभा को संबोधित किया। वहाँ बहुत से बच्चे मुझसे मिलना चाहते थे और उनमें से दो ऐसे थे जो तत्काल मुझसे जवाब भी चाहते थे। एक ने पूछा, 'मैंने आपकी पुस्तक 'अग्नि सिरागुगल' ('अग्नि की उड़ान' का तमिल संस्करण) पढ़ी है। आप हमेशा सपने देखने का संदेश ही देते हैं। ऐसा क्यों?'

जवाब में मैंने बच्चों से यह दोहराने को कहा, 'स्वप्न, स्वप्न और स्वप्न। स्वप्न ही विचार बनते हैं और विचार ही कर्म के रूप में हमारे सामने आते हैं।' मैंने उनसे कहा, 'दोस्तो! अगर स्वप्न ही नहीं होंगे तो क्रांतिकारी विचार भी नहीं जन्म लेंगे; और विचारों के न रहने से कोई कर्म भी सामने नहीं आएगा।' इसलिए अभिभावकों और अध्यापकों को बच्चों को स्वप्न देखने की इजाजत देनी चाहिए। स्वप्नों पर ही सफलता टिकी होती है, हालाँकि कभी-कभी कुछ-कुछ असफलताएँ आ सकती हैं तथा देरी भी हो सकती है।

एक अन्य लड़के ने मुझसे पूछा, 'दुनिया का पहला वैज्ञानिक कौन रहा होगा?'

यह सुनकर मुझे खयाल आया कि विज्ञान की पूरी सत्ता ही सवालों पर टिकी है। जिज्ञासु प्रश्न ही विज्ञान की बुनियाद हैं। और जैसा कि माता-पिता तथा अध्यापक बखूबी जानते हैं कि बच्चे अंतहीन सवालों के स्रोत होते हैं। इसलिए 'बच्चा ही प्रथम वैज्ञानिक रहा होगा' मेरा जवाब था। इसपर जमकर तालियाँ बजीं। बच्चों को सोच-विचार का यह अलग तरीका खूब भाया। अभिभावक और अध्यापक भी इस जवाब को सुनकर मुसकरा दिए।

असम यात्रा के दौरान मैं तेजपुर गया। वहाँ मैं तेजपुर विश्वविद्यालय के दीक्षांत समारोह में भाग लेने और मुझे प्रदान की गई डॉक्टरेट की मानद उपाधि प्राप्त करने के लिए गया था। दीक्षांत समारोह के बाद मैंने स्कूली बच्चों से मिलने के लिए कुछ समय निकाला। मेरे भाषण का मुख्य विषय था 'अदम्य आत्मा'। मेरा भाषण पूरा होते ही युवाओं ने मेरे ऑटोग्राफ लेने के लिए मुझे घेर लिया। हस्ताक्षर देने के बाद मेरे सामने दो दिलचस्प सवाल आए। पहला सवाल था कि 'ब्रह्मपुत्र नदी का पानी, जिसमें ज्यादातर बाढ़ आई रहती है, राजस्थान और तमिलनाडु जैसे पानी की कमी वाले राज्यों को

क्यों नहीं दिया जा सकता?' सिर्फ बच्चों को ही ऐसे विचार सूझ सकते हैं। बड़े होने पर तो ज्यादातर असंभव ही दिखाई पड़ता है। यह सवाल इतना जबरदस्त था कि मैं अवाक् रह गया। और मुझे पूरा भरोसा था कि प्रधानमंत्री तक इस सवाल का जवाब नहीं दे पाएँगे। अब इस बच्चे को कैसे समझाया जाए कि नदियाँ राज्यों का विषय हैं और हमारे राज्य अपने नदी ज़ल को लेकर हमेशा लड़ते-झगड़ते रहते हैं? जो नदियाँ कभी-न-कभी उन्हें समृद्ध बना देंगी उनका पानी फिलहाल तो समुद्र में गिरकर बरबाद हो रहा है और कमोबेश हर साल बाढ़ ला रहा है। आखिर जवाब कैसे दिया जाए?

मैंने कहा, 'इंडिया विजन 2020 में युवाओं से यह अपेक्षा की गई है कि वे विभिन्न राज्यों की नदियों को आपस में जोड़ने का महान् अभियान शुरू करें।' निजी तौर पर भी मेरा मानना है कि युवाओं के पास सबसे शक्तिशाली उनकी उर्वर मेधा होती है। उनकी खुली सोच ही अफसरशाही की नकारात्मकता तथा कुछ राज्यों की स्वार्थपरक नीतियों को पछाड़कर देशवासियों को समृद्ध बना सकती है। यहाँ तक कि देश के युवा राज्यों तथा केंद्र के बीच समन्वय में भी सुधार ला सकते हैं। एक देशव्यापी चेतना आएगी, और निश्चित रूप से एक दिन वे ऐसा कर पाएँगे।

एक अन्य छात्र ने भी मुझसे ऐसा सवाल किया, जिसका तत्क्षण कोई जवाब मेरे पास नहीं था। उसने पूछा, 'सर, किसी भी क्षेत्र के बड़े नेता हमसे बात करने के लिए नहीं आते। हम अकसर टी.वी. पर प्रधानमंत्री को चेन्नई, लखनऊ और अन्य कई जगहों पर जाते देखते हैं। लेकिन वे कभी यहाँ नहीं आते। हम चाहते हैं कि वे यहाँ आएँ, ताकि हम उनसे बात कर सकें।'

मैं देश के नेताओं के साथ संवाद कायम करने की उनकी उत्कंठा देखकर प्रभावित हुए बिना नहीं रह सका। मैंने उससे कहा कि जब मैं दिल्ली पहुँचूँगा तो तुम्हारे इन विचारों की चर्चा नेताओं से करूँगा और तुम्हारे सपने जरूर पूरे होंगे।

बाद में मैंने इस घटना का जिक्र प्रधानमंत्री से किया। उन्होंने इससे सहमति जताई और कहा, 'बच्चे अब मुझसे बातचीत नहीं कर पाते हैं। हो सकता है, सुरक्षा दायरा ही इस अलगाव की वजह हो।'

मेरा विभिन्न क्षेत्रों के नेताओं से अनुरोध है कि जीवन के मकसद की

अपनी समझ को बेहतर बनाने तथा बच्चों के बेहतर भविष्य के निर्माण के लिए उनके साथ मेलजोल बढ़ाएँ।

झारखंड राज्य के गठन के बाद मैं कई बार वहाँ गया हूँ। जब-जब मैं वहाँ गया उन प्रचुर संसाधनों को देखकर दंग रहे बिना नहीं रहा, जिनका इस्तेमाल वहाँ नहीं किया गया है। ऐसा किया जाए तो इससे राज्य के खजाने में कई गुना वृद्धि होगी। बोकारो स्थित श्री रामकृष्ण हाई स्कूल में मैंने लगभग तीन हजार स्कूली बच्चों को संबोधित किया। उनकी बनाई पेंटिंग्स, खिलौनों और अन्य सामान को देखकर उनकी प्रचुर रचनात्मकता की झलक मुझे मिली। उनके साथ बातचीत के क्रम में एक छात्र ने मुझसे पूछा, 'झारखंड में चारों तरफ हरियाली है। यहाँ वन, झरने और पहाड़ियाँ हैं, लेकिन राजस्थान में रेगिस्तान क्यों है?'

इस सवाल को सुनकर मुझे वैसा ही एक अन्य प्रश्न याद आ गया जो असम में मुझसे किया गया था—'ब्रह्मपुत्र के पानी को तमिलनाडु और राजस्थान में क्यों नहीं ले जाया जा सकता?' मैंने उत्तर दिया, आप जानते हैं कि बीस साल पहले राजस्थान में उस हद तक खेती करना संभव नहीं था जितना आप आज वहाँ देखते हैं। लेकिन इंदिरा गांधी नहर बनने के बाद से वहाँ कई स्थानों पर कृषि संभव हुई। इनसान के लिए रेगिस्तान को भी उपजाऊ भूमि में बदलना संभव है।' मैंने वही दोहराया जो मैंने असम में बच्चों से कहा था, 'भारत के लिए यह सबसे बड़ा अभियान होगा कि उसकी नदियों को इस प्रकार जोड़ा जाए ताकि पानी की कमीवाले राज्यों को भी पानी मिल सके। इस मामले में दूरदृष्टि की जरूरत है। जब आप बड़े होंगे तो हो सकता है कि इस राष्ट्र के पुनर्निर्माण के कार्य में और इन विचारों को साकार रूप देने वालों में आप भी हों।'

एक बच्चा बहुत ही गंभीर भाव चेहरे पर लिये मेरे पास आया और उसने पूछा, 'सर, क्या आपका अग्नि प्रक्षेपास्त्र सात समुद्रों को लाँघकर अमेरिका तक पहुँच सकता है?'

मैं इस विचार पर पहले तो थोड़ा हैरान हुआ, फिर कहा, 'हमारे लिए कोई भी देश दुश्मन नहीं है जो हम उस पर अग्नि का वार करें। खास तौर पर अमेरिका तो हमारा दोस्त है। अग्नि हमारी ताकत का प्रतीक है। वह यह

दरशाता है कि भारत के पास भी भरपूर क्षमताएँ हैं।'

अपनी कटक यात्रा के दौरान मैंने स्वर्गीय न्यायाधीश हरिहर महापात्र के जन्मदिवस समारोह में भाग लिया। मैं वहाँ न्यायमूर्ति रंगनाथ मिश्र के निमंत्रण पर गया था। मेरे लिए यह जानना सुखद था कि स्वतंत्रता आंदोलन अर्थात् देश के लिए जो पहली राष्ट्रीय परिकल्पना थी, उसने हरिहर महापात्र को महान् पुरुष बना दिया था। वे बानबे वर्ष तक जीवित रहे और उन्होंने कटक नेत्र अस्पताल तथा उत्कल विश्वविद्यालय की स्थापना की एवं गरीबी उन्मूलन के लिए कई स्तरों पर सतत प्रयास किए। उड़िया में प्रकाशित मेरी जीवनी भी वितरित की गई। मेरे भाषण के बाद युवाओं की भीड़ ने मुझे घेर लिया और कई सवाल किए।

पहला सवाल था, 'सर, हमें बताएँ कि आपकी वे पसंदीदा पुस्तकें कौन सी हैं, जिन्होंने आपकी सोच विकसित की?'

मैंने बताया, 'चार पुस्तकें मेरे हृदय के काफी करीब रही हैं। मैं उन्हें पढ़ना पसंद करता हूँ। पहली पुस्तक नोबेल पुरस्कार विजेता एवं दार्शनिक डॉक्टर एलेक्सि कैरल की लिखी 'मैन द अननोन' है। इस पुस्तक में इस बात पर जोर दिया गया है कि किसी बीमारी की स्थिति में मस्तिष्क एवं शरीर दोनों का साथ-साथ इलाज किस प्रकार करना चाहिए, क्योंकि दोनों एक-दूसरे से जुड़े हैं। आप एक का इलाज करते हुए दूसरे की उपेक्षा नहीं कर सकते। खास तौर पर उन बच्चों को यह पुस्तक जरूर पढ़नी चाहिए जो डॉक्टर बनने की इच्छा रखते हैं। वे इसे पढ़कर समझ सकेंगे कि मानव शरीर एक यांत्रिक प्रणाली भर नहीं है बल्कि एक जटिल और संवेदी प्रतिक्रिया प्रणाली से युक्त चेतन तंत्र है। दूसरी पुस्तक, जिसके प्रति मेरे मन में अगाध श्रद्धा है, वह है तिरुवल्लूवर की 'तिरुक्कुरल'। उसमें जीवन के उत्कृष्ट नियमों का संकलन है। तीसरी पुस्तक लिलियन आइशलर वाटसन की 'लाइट्स फ्रॉम मैनी लैंपस' है, जिसने मुझे काफी प्रभावित किया है। उसमें यह बताया गया है कि हमें कैसे जीना चाहिए। पिछले पचास वर्षों से यह पुस्तक मेरा मार्गदर्शन कर रही है। और पवित्र कुरान तो मेरी साथी है ही।'

गुजरात के आणंद में स्कूली बच्चों को जब मैं संबोधित कर रहा था तो एक तेज-तर्रार बच्चे ने बेहद होशियारी भरा सवाल किया, 'हमारा दुश्मन

कौन है?' मुझे सवाल पसंद आया और मैंने अन्य बच्चों से इसका जवाब देने को कहा ताकि उनके विचार भी सामने आ सकें। तब एक जवाब सामने आया कि 'गरीबी हमारा दुश्मन है।' उस छोटी बच्ची, जिसका जिक्र मैंने समर्पण में किया है, ने कितनी समझदारी वाला जवाब दिया था।

एक अंतिम सवाल, जिसका उल्लेख मैं यहाँ कर रहा हूँ, एक अन्य बच्चे के उर्वर दिमाग की उपज था, 'मुझे यह बताएँ कि क्या पाकिस्तान के हथियार भारत के हथियारों के मुकाबले ज्यादा मजबूत हैं?' मैंने उस बच्चे से पूछा कि उसके दिमाग में यह संदेह ही कैसे पैदा हुआ? उसने बताया कि मीडिया में देखी-सुनी खबरों की वजह से उसे ऐसा लगता है।

'दरअसल, हमारे देश की यह अनोखी विशेषता है कि हम अपनी क्षमताओं को कम करके आँकते हैं। हो सकता है कि आनुवंशिकता के कारण ऐसा होता हो', मैंने कहा, 'भारत किसी भी प्रकार के प्रक्षेपास्त्र तथा परमाणु हथियार बना सकता है। यह एक ऐसी क्षमता है जो दुनिया के मात्र चार देशों के पास है। इसलिए तुम अपने मन से इस प्रकार के सभी संदेहों को निकाल दो।' जब मैंने ऐसा कहा तो उसके चेहरे पर संतोष का भाव दिखाई दिया।

अब तक पचास हजार स्कूली बच्चों से मिलने के क्रम में मुझसे सैकड़ों सवाल किए गए हैं और उनमें से केवल ग्यारह सवाल ही मैंने यहाँ चुने हैं। इन सवालों से बच्चों की मासूमियत की झलक मिलती है, लेकिन सबसे ज्यादा जो स्पष्ट होता है वह यह कि एक मजबूत तथा समृद्ध राष्ट्र में रहने की उनकी कितनी अधिक इच्छा है। बच्चों के बीच बिताए सत्र के बाद मैंने महसूस किया कि उनके लिए आदर्शों का होना कितना जरूरी है, भले ही वह विज्ञान, उद्योग, खेल, मनोरंजन या किसी और क्षेत्र के ही क्यों न हों। अब सवाल उठता है कि 'क्या हम अपने बच्चों को कोई आदर्श दे सकते हैं? और कैसे?'

नई सहस्राब्दी की सुबह इस खबर के साथ हुई कि मानव जीनोम की गुत्थी सुलझा ली गई है। हमें यह भी पता लग चुका है कि आज के मनुष्य के शरीर में जो तीस हजार गुणसूत्र (जीन्स) हैं। यह गुणसूत्र कमोबेश वैसे ही हैं जैसे कि लाखों वर्ष पूर्व पाषाण युग के हमारे पूर्वजों के थे। अन्य गुणों के

अलावा जो एक महत्त्वपूर्ण गुण हमें उनसे मिला है वह है उपलब्धियों की चाह।

ऐसा कहा जाता है कि प्रकृति ने हमारे भीतर यह भाव भरा है, क्योंकि प्रजनन की आवश्यकता, पेट भरने और प्यास बुझाने की आवश्यकता तथा साँस लेने की आवश्यकता की ही तरह उपलब्धि हासिल करने की जरूरत भी इतनी महत्त्वपूर्ण है कि इसे यों ही नहीं छोड़ा जा सकता। इतिहास साक्षी है कि उपलब्धियों की भूख बेहद उन्नत स्तर की रही है और निःसंदेह यह सबसे ताकतवर है। हम अकसर इसे भूल जाते हैं, मगर यह ही हमारे अधिकांश अनुभवों का आधार रही है। सबसे अहम बात तो यह है कि इसके बगैर हम में सीखने या विकास करने अथवा अधिक बेहतर बनने की चाह ही कैसे पैदा होती?

मैंने डॉ. विक्रम साराभाई की अंतर्दृष्टि को पिछले तीन दशकों के दौरान निरंतर और समन्वित उपलब्धियों में प्रस्फुटित होते हुए देखा है। ऐसी उपलब्धियों तथा अन्य किसी भी प्रयास में सीमाओं से आगे निकलने की यही इच्छा प्रगति के पीछे कार्यरत होती है। जब हम प्रयास करते हैं और सफल भी होते हैं तो हमारे आदर्श ही मार्गदर्शक की भूमिका निभाते हैं। विक्रम साराभाई की वैचारिक ताकत ही ऐसी थी कि दूसरे लोगों ने उनकी दूरदर्शिता को अपनाया और उनके न रहने पर भी उनकी सोच को कार्यान्वित कर दिखाया। आपके लिए कोई भी और आदर्श बन सकता है, जिसकी आप तारीफ करते हों—कोई खिलाड़ी, अध्यापक, सफल उद्यमी वगैरह।

• हाल ही में मैं एक किंवदंती बन चुके व्यक्तित्व से मिला, जो अपने आपमें आदर्श हैं। लता मंगेशकर अपने पिता मास्टर दीनानाथ मंगेशकर की स्मृति में आयोजित एक समारोह की अध्यक्षता कर रही थीं। लता मंगेशकर को 'भारतरत्न' से सम्मानित किया जा चुका है और मुझे गर्व हुआ जब उन्होंने पुणे में चार सौ पचास बिस्तरोंवाले दीनानाथ अस्पताल तथा अनुसंधान केंद्र का उद्घाटन करने के लिए मुझसे कहा। उद्घाटन से पहले मैंने अस्पताल का दौरा किया। मुझे पता चला कि अस्पताल में करीब 30 प्रतिशत मरीजों का मुफ्त इलाज होगा। मुझे यह जानकर प्रसन्नता हुई कि अपनी दौलत और शोहरत के बावजूद वे यह बात नहीं भूली थीं कि दूसरों के दुःख-दर्द दूर

करने के लिए जितना बन पड़े उतना प्रत्येक को करना चाहिए।

रेडियो पर बजते उनके गीतों ने दशकों से अनगिनत दिलों को सुकून पहुँचाया है। सन् 1962 में भारत-चीन युद्ध के दौरान उनके गाए गीत 'ऐ मेरे वतन के लोगो' ने पूरे राष्ट्र की आत्मा को झकझोर दिया था। करोड़ों लोगों के मन को छू लेने का काम गिने-चुने लोग ही कर सकते हैं।

हमारे आदर्श उस कार्य पर ही केंद्रित रहने में हमारी मदद कर सकते हैं जो बतौर व्यक्ति, समूह अथवा एक देश के रूप में हमारे लिए उचित हैं। वे हमें बड़ी-से-बड़ी सफलताओं तक पहुँचा सकते हैं। ऐसा लगता है कि सूचना प्रौद्योगिकी के क्षेत्र में हम कुछेक लोगों की सफलता देखकर ही बह गए हैं। लेकिन जो हम वस्तुतः कर सकते हैं या प्राप्त कर सकते हैं, उसकी तुलना में यह बेहद कम और नाकाफी है। प्राचीन भारत ज्ञान से परिपूर्ण समाज था और कई बौद्धिक अभियानों, विशेषकर गणित, चिकित्सा और खगोल विद्या के क्षेत्र में उसने विश्व का नेतृत्व भी किया। उच्च तकनीक के क्षेत्र में सस्ता श्रम उपलब्ध कराने की बजाय हमें एक बार फिर ज्ञान के क्षेत्र में परमशक्ति बनकर उभरने के लिए पुनर्जागरण की जरूरत है।

सार

युवा पीढ़ी ही देश की पूँजी है। जब बच्चे बड़े हो रहे होते हैं तो उनके आदर्श उस काल के सफल व्यक्तित्व ही हो सकते हैं। माता-पिता और प्राथमिक कक्षाओं के अध्यापक आदर्श के रूप में महत्त्वपूर्ण भूमिका निभा सकते हैं। बच्चे के बड़े होने पर राजनीति, विज्ञान, प्रौद्योगिकी और उद्योग जगत् से जुड़े योग्य तथा विशिष्ट नेता उनके आदर्श बन सकते हैं।

□

समर्पित अध्यापक, साधक वैज्ञानिक

"आप जो कुछ भी कर सकते हैं या जो भी सपना देख सकते हैं, उसे शुरू करें। बहादुरी में ही बौद्धिक कौशल, ताकत और जादू होता है। अभी से शुरुआत करें।"

—गोथे

देश के महान् मनीषियों के पास वह योग्यता थी कि वे अपने स्वप्नों को वास्तविकता में बदलने के प्रयास में दूसरों को भी अपने साथ लेकर चल सकते थे। उनके लिए देश स्वयं उनसे बड़ा था और वे अपने स्वप्नों को यथार्थ बनाने के काम में हजारों लोगों को साथ ला सकते थे।

दिसंबर 2000 में मैंने अध्यापकरत्न टी. तोताद्री आयंगर के जन्मशती समारोह में हिस्सा लिया। मैंने सेंट जोसफ कॉलेज, तिरुचिरापल्ली से सन् 1954 में विज्ञान में स्नातक की दीक्षा ली थी। युवा छात्र की हैसियत से मैंने उस वक्त प्रो. टी. तोताद्री आयंगर के अद्भुत, दिव्य व्यक्तित्व को हर सुबह कॉलेज परिसर से गुजरते और बी.एस-सी. (ऑनर्स) तथा एम.एस-सी. के विद्यार्थियों को उन्हें गणित पढ़ाते देखा था। छात्र उन्हें उस हैरानी के साथ देखते थे जैसे कोई गुरु को देखता है, जो वास्तव में थे भी। जब वे चलते थे तो लगता था, जैसे ज्ञान का प्रकाश उनके चारों ओर आभामंडल-सा फैला है। उस वक्त 'कैलकुलस' श्रीनिवासन मेरे गणित के अध्यापक थे। वे प्रो. तोताद्री आयंगर के बारे में सम्मानपूर्वक बातें करते, और बी.एस-सी. (ऑनर्स) प्रथम वर्ष तथा बी.एस-सी. (भौतिकी) प्रथम वर्ष के छात्रों की संयुक्त कक्षा

की व्यवस्था भी करते, ताकि प्रो. आयंगर छात्रों को पढ़ा सकें। मुझे भी ऐसी कक्षाओं की बदौलत ही उनसे पढ़ने का मौका मिला, जिसमें आधुनिक बीजगणित और सांख्यिकी जैसे विषय प्रमुख हैं। जब हम बी.एस-सी. प्रथम वर्ष में थे तो 'कैलकुलस' श्रीनिवासन दस सर्वाधिक मेधावी छात्रों का चयन सेंट जोसफ के मैथमेटिक्स क्लब के लिए करते, जहाँ प्रो. तोताद्री आयंगर के व्याख्यानों का लाभ उन्हें मिलता।

सन् 1952 में एक दिन उन्होंने भारत के प्राचीन गणितज्ञों और खगोलविदों पर व्याख्यान दिया। वे लगभग एक घंटे तक बोलते रहे। वह व्याख्यान अब भी मेरे कानों में गूँजता है। यहाँ मैं आपको देश के कुछ उन प्राचीन गणितज्ञों के बारे में अपने विचार बताऊँगा, जिनकी झलक मुझे प्रो. तोताद्री आयंगर के व्याख्यानों में मिली थी।

476 ई. में कुसुमपुरा (अब पटना) में जनमे आर्यभट्ट खगोलविद् और गणितज्ञ थे। वे उस समय तक ज्ञात संपूर्ण गणितीय ज्ञान का खजाना थे। जब उन्होंने दो भागों में 'आर्यभटयम' लिखी तब उनकी आयु मात्र तेईस वर्ष की थी। इस पुस्तक में बीजगणित, त्रिकोणमितीय और खगोलविद्या तक को शामिल किया गया है। उन्होंने त्रिकोण और वृत्त के क्षेत्रफल के गणना संबंधी सूत्र दिए और तथा पिरामिड का आयतन पता करने का भी प्रयास किया। उन्होंने ही सबसे पहले पाई अर्थात् वृत्त के परिमाप और उसके व्यास के अनुपात का सही मान 2.1416 का पता लगाया। इस महान् खगोलशास्त्री के सम्मान में ही भारत ने सन् 1975 में प्रक्षेपित अपने पहले उपग्रह का नाम आर्यभट्ट रखा।

ब्रह्म गुप्त का जन्म 598 ई. में राजस्थान के बिल्लामल में राजा हर्ष के साम्राज्य में हुआ था। तीस वर्ष की आयु में उन्होंने 'ब्रह्म स्फुट' सिद्धांत लिखा। उन्होंने खगोलशास्त्रीय अध्ययनों को अद्यतन किया। उन्होंने प्रोग्रेशन और ज्यामिति पर भी काम किया तथा अलग-अलग डिग्रियों की इंटरमीनेट समीकरणों तथा क्वाड्रेटिक समीकरणों के हल भी सुझाए।

भास्कराचार्य भी अपने समय के महान् मनीषी हुए हैं। उनका जन्म 1114 ई. में विज्जलबाड़ा, जो अब कर्नाटक तथा महाराष्ट्र राज्यों की सीमा पर स्थित है, में हुआ। उन्होंने चार अध्यायों वाले प्रसिद्ध ग्रंथ 'सिद्धांत

शिरोमणि' की रचना की। उन्होंने खगोलविद्या तथा बीजगणित पर भी काम किया और उन्हें ऐसे पहले मान्य गणितज्ञ होने का गौरव प्राप्त है जिसने आर्यभट्ट की खोज के आधार पर तैयार अवधारणा की मदद से शून्य का सिद्धांत प्रतिपादित किया। उनके सम्मान में इसरो के दूसरी श्रेणी के उपग्रहों का नामकरण 'भास्कर-I' तथा 'भास्कर-II' (1979 और 1981) रखा गया।

भारत के इन तीन गणितज्ञों के कार्य के संदर्भ में ही अल्बर्ट आइंस्टाइन की इस टिप्पणी को समझा जा सकता है—'हम भारतवासियों के ऋणी हैं जिन्होंने हमें गिनती करना सिखाया, जिसके बगैर कोई भी वैज्ञानिक खोज नामुमकिन है।'

इनके बाद मुझे एक अन्य प्रबुद्ध मनीषी का ध्यान आता है, जिनका कार्यकाल हमारी अभी की स्मृति में कैद है, वे हैं श्रीनिवास रामानुजन। वे केवल तैंतीस वर्ष तक जीवित रहे (1887-1920)। उनके पास कोई औपचारिक-शिक्षा या रोजी-रोटी कमाने का जरिया भी नहीं था। लेकिन इसके बावजूद उनकी अदम्य इच्छाशक्ति और विषय के प्रति लगाव के चलते उन्होंने गणित संबंधी शोध में काफी योगदान दिया और उनके कई कार्यों पर तो अब भी गहन अध्ययन जारी है, जिसके लिए गणितज्ञों से मदद ली जा रही है। रामानुजन अद्‌भुत मनीषा प्राप्त गणितज्ञ थे। उन्होंने ट्रिनिटी कॉलेज, कैंब्रिज के पत्थरदिल गणितज्ञ प्रो. जी.एच. हार्डी तक के हृदय को पिघला दिया था। यह कहना अतिशयोक्ति नहीं होगी कि हार्डी ने ही रामानुजन की खोज की थी। हमारे वैज्ञानिक ऐसे ही एक और रामानुजन की तलाश स्कूलों में क्यों नहीं करते? मेरे मित्रो! आप सभी अवकलन की बजाय सभी क्षेत्रों में समाकलन क्यों नहीं करते?

'हरेक पूर्ण संख्या (integer) रामानुजन की व्यक्तिगत मित्र थी।' रामानुजन को दी गई श्रद्धांजलि में यह बात कही गई जो जरा भी गलत नहीं थी। हार्डी ने विभिन्न मनीषियों को 100 के पैमाने पर आँकते हुए 30 के आस-पास अंक दिए, जबकि बहुत कम को उन्होंने 60 तक भी अंक दिए थे। लेकिन रामानुजन के बारे में उनकी राय थी कि केवल 100 का अंक ही उनकी प्रतिभा का सही मूल्यांकन करता है। रामानुजन या भारतीय मनीषा को इससे बेहतर श्रद्धांजलि नहीं हो सकती। रामानुजन ने प्राइम संख्याओं, हाइपर

ज्यामितिक श्रृंखला, माड्यूलर फंक्शन, सम मैजिक स्क्वायर के अलावा दीर्घवृत्तों (एलिप्स) की ज्यामिति, वृत्त के वर्ग इत्यादि पर भी काम किया था।

मुझे उम्मीद है कि गणित के युवा छात्रों को पढ़ाने और प्रेरित करने वाले असाधारण अध्यापक आने वाले वर्षों में भी अपना अतुलनीय और महान् कार्य जारी रखेंगे, ताकि इस क्षेत्र में भारतीय बौद्धिकता के झंडे गाड़े जा सकें। खगोल भौतिकविद् प्रो. एस. चंद्रशेखर ने भारतीय गणित की परंपरा को विदेश में भी जारी रखा। वास्तव में, गणित तो सर्वव्यापी है। यह परंपरा अन्य के अलावा प्रो. सी.एस. शेषाद्रि, प्रो. जे.वी. नार्लीकर, प्रो. एम.एस. नरसिंहन, प्रो. एस.आर.एस. वर्धन, प्रो. एम.एस. रघुनाथन, प्रो. नरेंद्र कर्माकर तथा प्रो. अशोक सेन द्वारा आगे जारी रहेगी।

सर सी.वी. रमन ने महालेखाकार, कलकत्ता के कार्यालय से अपने कैरियर की शुरुआत की थी। लेकिन उनके भीतर के वैज्ञानिक ने उन्हें चैन से बैठने नहीं दिया और वे हमेशा ही उन गुत्थियों के समाधान तलाशने में जुटे रहते थे जो उन्हें परेशान कर रही थीं। सौभाग्यवश उन्हें महान् शिक्षाशास्त्री आशुतोष मुखर्जी का सहयोग मिला, जिन्होंने सी.वी. रमन को उनकी शोध जारी रखने के लिए प्रोत्साहित किया। यह जानना महत्त्वपूर्ण है कि रमन प्रभाव की खोज, जिसने उन्हें नोबेल पुरस्कार दिलाया, किसी बड़े भारी खर्च से तैयार विशाल संस्थान में नहीं की गई थी। मेरा मानना है कि दुनिया को भारतीय मेधा का लोहा मनवाने की चाह ही सर सी.वी. रमन की प्रेरणा रही थी। यही बात प्रो. एस. चंद्रशेखर पर भी लागू होती है, जिन्हें ब्लैक होल्स पर काम करने के लिए नोबेल पुरस्कार दिया गया था। उनकी जीवनी 'चंद्रा' (लेखक कामेश्वर सी. वली) में कुछ दिलचस्प वक्तव्य हैं। इसमें लिखा है कि 'चंद्रा ऐसे समय में पले-बढ़े, जिसे विज्ञान, कला और साहित्य का स्वर्ण युग कहा जाता है तथा जिस दौरान स्वतंत्रता आंदोलन ने भी प्रेरक चिनगारी का काम किया था। जे.सी. बोस, सी.वी. रमन, मेघनाथ साहा, श्रीनिवास रामानुजन तथा रवींद्रनाथ टैगोर अपने वैज्ञानिक और सृजनात्मक प्रयासों के बूते पर जवाहरलाल नेहरू, महात्मा गांधी एवं अन्य के समकक्ष राष्ट्रीय नायक बन गए थे।' संभवतः उनकी सफलताओं ने रचनात्मक वातावरण के

निर्माण में योगदान दिया। भले ही कुछ भी हो, यह जानना महत्त्वपूर्ण है, जैसा कि चंद्रशेखर ने भी कहा था कि 'आधुनिक युग में सन् 1901 से पहले अंतरराष्ट्रीय ख्याति या स्तर का कोई (भारतीय) वैज्ञानिक नहीं था। फिर सन् 1920 से 1925 के बीच हमारे पास एकाएक चार या पाँच अंतरराष्ट्रीय ख्याति प्राप्त व्यक्ति थे। मैंने स्वयं इस घटना को स्व-अभिव्यक्ति की आवश्यकता से जोड़कर देखा है, जो राष्ट्रीय आंदोलन के दौरान युवाओं की मुख्य प्रेरणा बन गई थी। स्वयं की उपस्थिति को जतलाना राष्ट्रीय आंदोलन का एक अहम हिस्सा बन गया था। भारत एक गुलाम देश था, लेकिन खासकर विज्ञान के क्षेत्र में हम पश्चिमी देशों को दिखा सकते थे कि हम उनके बराबर हैं।'

यहाँ मैं सर सी.वी. रमन के उस संदेश को दोहराना चाहूँगा जो उन्होंने सन् 1969 में युवा स्नातकों को संबोधित करते हुए दिया था, 'आप सभी युवकों और युवतियों से मैं कहना चाहूँगा कि आप उम्मीद तथा हिम्मत मत छोड़ें। आपके समक्ष मौजूद कार्य के प्रति समर्पण भाव रखने से ही सफलता आपके कदम चूमेगी। मैं बिना किसी विरोधाभास की आशंका के कह सकता हूँ कि भारतीय मेधा किसी भी मायने में एंग्लो-सैक्सन मेधा से उन्नीस नहीं है। हममें अगर कोई कमी है तो वह है साहस की और उस प्रेरक शक्ति की, जो हमें कहीं भी ले जा सकती है। मैं सोचता हूँ कि हमने अपने भीतर एक हीन भावना की ग्रंथि पाल ली है। मेरा मानना है कि भारत को आज इस पराजित भाव को नष्ट करने की जरूरत है। हमें विजयी भाव रखने की आवश्यकता है, जो हमें दुनिया में सही स्थान दिलाएगी। हमें उस भाव की ज़रूरत है जो हमें एहसास दिलाए कि हम एक महान् सभ्यता के वंशज हैं। यदि ऐसी अदम्य इच्छाशक्ति हमारे अंदर पैदा हो जाएगी तो कोई भी हमें अपने उचित स्थान को पाने से नहीं रोक सकता।'

कुछ और आगे देखें तो अन्य क्षेत्रों में भी ऐसी ही महान् प्रतिभाओं का उदय हुआ। महान् संगीतज्ञ संत त्यागराज स्वामीगल, मुत्थुस्वामी दीक्षिदर और श्याम शास्त्रीगल का उदय एक ही समय में दक्षिण भारत में 50 कि.मी. के दायरे में हुआ। हमें इसपर ध्यान देना चाहिए कि स्वतंत्रता आंदोलन ने कला, विज्ञान, प्रौद्योगिकी, अर्थशास्त्र, इतिहास तथा साहित्य के क्षेत्र में ऐसे

उत्तम नेताओं को जन्म दिया जो विश्व की श्रेष्ठ प्रतिभाओं की टक्कर के रहे।

हाल के वर्षों में भी दूरदृष्टि प्राप्त महान् वैज्ञानिक हुए हैं। मैं विशेष रूप से डॉ. डी.एस. कोठारी, डॉ. होमी जे. भाभा तथा डॉ. विक्रम साराभाई से प्रभावित हूँ। मैं वैज्ञानिक तथा तकनीकी क्षेत्रों में इनके नेतृत्व के उन गुणों के बारे में और अधिक जानना चाहता था जिसके चलते ये राष्ट्र के विकास से जुड़े। ये महान् वैज्ञानिक ही रक्षा अनुसंधान विकास संगठन (डीआरडीओ), आणविक ऊर्जा विभाग (डी.ए.ई.) तथा भारतीय अंतरिक्ष अनुसंधान संगठन (आई.एस.आर.ओ.) जैसी महान् संस्थाओं के संस्थापक रहे हैं।

दिल्ली विश्वविद्यालय में प्रोफेसर रह चुके डॉ. डी.एस. कोठारी असाधारण भौतिक विज्ञानी तथा खगोल भौतिकशास्त्री थे। वे ग्रहों के सदृश्य शीतल संघनित पिंड में दबाव पर पदार्थ के आयनीकरण के लिए जाने जाते हैं। यह सिद्धांत उनके गुरु डॉ. मेघनाथ साहा की ताप आयनीकरण के ऐतिहासिक सिद्धांत का पूरक है। सन् 1948 में रक्षामंत्री के वैज्ञानिक सलाहकार नियुक्त होने पर डॉ. डी.एस. कोठारी ने भारतीय रक्षा के क्षेत्र में एक विज्ञान की अच्छी-खासी परंपरा डाली। उन्होंने सबसे पहले नाभिकीय ओषधि, इलेक्ट्रॉनिक्स पदार्थ तथा प्रक्षेपास्त्र विज्ञान में शोध के लिए रक्षा विज्ञान केंद्र की स्थापना की। उन्हें भारत में रक्षा विज्ञान का जनक माना जाता है। उनके सम्मान में इंडियन इंस्टीट्यूट ऑफ साइंस में एक शोधपीठ का गठन किया गया है।

डॉ. भाभा ने कैंब्रिज विश्वविद्यालय में सैद्धांतिक भौतिकी पर शोध किया था। सन् 1930 से 1939 तक उन्होंने ब्रह्मांडीय विकिरण पर शोधकार्य किया। सन् 1939 में उन्होंने बंगलौर स्थित इंडियन इंस्टीट्यूट ऑफ साइंस में सर सी.वी. रमन के साथ काम शुरू किया। बाद में उन्होंने टाटा इंस्टीट्यूट ऑफ फंडामेंटल रिसर्च की स्थापना की, जहाँ नाभिकीय और गणितीय विज्ञान पर खास जोर दिया जाता है। सन् 1948 में उन्होंने आणविक ऊर्जा आयोग का गठन किया। उनकी दूरदर्शिता के परिणामस्वरूप नाभिकीय विज्ञान तथा प्रौद्योगिकी के क्षेत्र में अनेक केंद्रों की स्थापना की गई, जिनमें नाभिकीय बिजली का उत्पादन या नाभिकीय ओषधि संबंधी शोधकार्य

किया जाता है। विज्ञान के इन संस्थानों ने अन्य कई प्रौद्योगिकी केंद्रों की भी स्थापना की, जिनमें परमाणु विज्ञान को प्रमुखता से शामिल किया गया।

उक्त तीनों में सबसे युवा डॉ. साराभाई ने प्रायोगिक ब्रह्मांडीय किरणों के क्षेत्र में सर सी.वी. रमन के साथ काम किया था। उन्होंने अमदाबाद में फिजिकल रिसर्च लेबोरेटरी की स्थापना की, जिसमें अंतरिक्ष अनुसंधान पर विशेष रूप से कार्य होता है। सन् 1963 में थुंबा इक्वेटोरियल रॉकेट लॉचिंग स्टेशन (टी.ई.आर.एल.एस.) ने वायुमंडल शोध के लिए साउंडिंग रॉकेटों का प्रक्षेपण शुरू किया। डॉ. साराभाई ने स्पेस साइंस एंड टेक्नोलॉजी सेंटर (एस.एस.टी.सी.) स्थापित किया और इसके निदेशक बने। उनके प्रयासों से दूसरी कई संस्थाओं की भी स्थापना हुई, जो आज प्रक्षेपण यान, उपग्रह अभियान, प्रबंधन तथा अनुप्रयोग की जिम्मेदारी सँभाले हुए हैं।

इन तीनों भारतीय भौतिकशास्त्रियों ने जिन भौतिक अनुसंधान संस्थानों को शुरू किया वे बाद में रक्षा प्रौद्योगिकी, परमाणु प्रौद्योगिकी तथा अंतरिक्ष प्रौद्योगिकी के केंद्रों के रूप में विकसित हुए और इनके देश भर के केंद्रों में वर्तमान में बीस हजार वैज्ञानिक कार्यरत हैं। मैंने इन तीनों के बारे में एक बात जो देखी वह यह थी कि इन्होंने राजनीतिक नेतृत्व को यह एहसास कराया कि विज्ञान देश के लिए क्या कुछ कर सकता है। जिस प्रौद्योगिकी से जनता को तुरंत लाभ पहुँचता है उसे शासन द्वारा लागू किया जाना चाहिए, बगैर इस बात की परवाह किए कि कौन सा राजनीतिक दल सत्तारूढ़ है। इन वैज्ञानिकों ने यह महत्त्वपूर्ण संदेश भी प्रसारित किया कि प्रौद्योगिकी के विकास तथा विज्ञान के क्षेत्र में नए नेताओं की प्रतिभा उभारने के लिए आधारभूत विज्ञान बेहद महत्त्वपूर्ण है। आइए, विज्ञान तथा प्रौद्योगिकी के समन्वित महत्त्व को समझने के लिए इनसे नेतृत्व के जाँचे-परखे गुणों के बारे में जानें।

सन् 1962 में डॉ. साराभाई और डॉ. भाभा भूमध्य रेखा के आस-पास अंतरिक्ष अनुसंधान केंद्र की स्थापना के लिए जगह की तलाश कर रहे थे। केरल में थुंबा को सबसे उपयुक्त माना गया, क्योंकि वह भूमध्य क्षेत्र के नजदीक होने के साथ-साथ आयनमंडलीय शोध के लिए भी उपयुक्त था। लेकिन उस इलाके में बसे गाँवों में हजारों मछुआरे रहते थे। वहाँ पर एक खूबसूरत सेंट मेरी मैगडेलीन चर्च तथा बिशप हाउस भी था। परिणामस्वरूप

भूमि अधिग्रहण का काम आगे नहीं बढ़ सका।

डॉ. साराभाई ने शनिवार के दिन बिशप रेवरेंड डॉ. पीटर बर्नार्ड परेरा से मुलाकात कर भूमि हस्तांतरण का अनुरोध किया। यह सुनकर बिशप मुसकराए और उनसे अगले दिन मिलने को कहा। अगले दिन रविवार सुबह को आयोजित प्रार्थना सेवा में बिशप ने उपस्थित लोगों से कहा, 'मेरे बच्चो! एक प्रसिद्ध वैज्ञानिक को अंतरिक्ष विज्ञान और अनुसंधान कार्य के लिए इस जगह की जरूरत है जहाँ हमारा चर्च है और जिस जगह पर मैं काम करता हूँ। विज्ञान उस सच को तलाशता है जिससे मानव जीवन समृद्ध होता है। धर्म का उच्च स्तर ही आध्यात्मिकता है। आध्यात्मिक उपदेशक मानव मस्तिष्क की शांति के लिए परम पिता परमेश्वर से सहायता माँगते हैं। संक्षिप्त में कहा जा सकता है कि जो काम विक्रम कर रहे हैं और जो कार्य मैं कर रहा हूँ वह समान है—विज्ञान और आध्यात्मिकता दोनों ही मानव मस्तिष्क तथा शरीर की समृद्धि के लिए परमेश्वर का आशीर्वाद चाहते हैं। बच्चो! क्या हम वैज्ञानिक अभियान के लिए उन्हें ईश्वर का यह घर सौंप सकते हैं?' इसपर पल भर की चुप्पी के बाद भीड़ से आवाज आई—'आमीन', और देखते-ही-देखते पूरे चर्च में यह स्वर गूँज गया।

डॉ. साराभाई के साथ सन् 1963 से 1971 तक काम करना वास्तव में महान् अनुभव था। तिरुअनंतपुरम् अंतरिक्ष केंद्र में युवा इंजीनियर के तौर पर संयोजित प्रौद्योगिकी, विस्फोटक प्रणालियों तथा रॉकेट इंजीनियरिंग प्रणालियों पर काम करते हुए मुझे उनके नेतृत्व से काफी ऊर्जा मिलती थी।

हालाँकि उस वक्त देश प्रौद्योगिकी के शैशव काल से गुजर रहा था, तो भी डॉ. साराभाई हमारे अपने उपग्रह प्रक्षेपण यानों को निर्मित करने का सपना देख रहे थे। इनका इस्तेमाल भारत की जमीन से रिमोट सेंसिंग उपग्रहों को सौर स्थित कक्षा में तथा संचार उपग्रहों को भू-स्थिर कक्षा में भेजने के लिए किया जाना था। आज भू-स्थिर प्रक्षेपण यान (जीएसएलवी) के प्रक्षेपण के साथ ही उनका यह सपना लगभग साकार हो चुका है। इसरो ने आई.आर.एस. तथा इनसेट प्रणालियों को चालू कर अंतरिक्ष के फायदों को आम आदमी तक पहुँचा दिया है।

डॉ. साराभाई की अंतरिक्ष संबंधी दूरदर्शिता से संबंधित एक अनुभव

मैं आपको बताना चाहता हूँ। 'अग्नि की उड़ान' में मैंने इस घटना का संक्षिप्त वर्णन किया है। भारत के पहले उपग्रह प्रक्षेपण यान (एसएलवी-3) की डिजाइन परियोजना का काम विक्रम साराभाई अंतरिक्ष केंद्र (वी.एस.एस.सी.) में हुआ। रॉकेट के प्रत्येक चरण के डिजाइन, ताप कवच तथा मार्गदर्शन प्रणाली का काम चुनिंदा परियोजना प्रभारियों को सौंपा गया। मुझे एसएलवी-3 के चौथे चरण अर्थात् रॉकेट के उस ऊपरी चरण की डिजाइन परियोजना का काम सौंपा गया, जो रोहिणी को उसकी कक्षा में स्थापित करने के लिए आवश्यक अधिकतम गति उसे प्रदान करती। इस चौथे चरण के लिए ऐसी उन्नत सामग्री का प्रयोग होता है जो न्यूनतम वजन के बावजूद काफी मजबूती देती है। इसमें ही अधिक ऊर्जा युक्त ठोस प्रोपेलेंट को वहन करने की अधिकतम क्षमता होती है।

सन् 1970 में जब मैं इस ऊपरी चरण के डिजाइन पर काम कर रहा था तो डॉ. साराभाई ने अमदाबाद से मुझे फोन पर बताया कि वे फ्रांसीसी अंतरिक्ष एजेंसी सी.एन.ई.एस. के अध्यक्ष प्रो. हर्बर्ट कुरियन के साथ तिरुअनंतपुरम् पहुँच रहे हैं। मुझसे चौथे चरण का ब्योरा प्रो. कुरियन के दल के सामने प्रस्तुत करने को कहा गया। जब यह काम पूरा हो गया तो हमें पता चला कि एसएलवी-3 के चौथे चरण को फ्रांसीसी डायमंट पी-4 प्रक्षेपण यान के ऊपरी चरण के तौर पर इस्तेमाल करने के बारे में विचार किया जा रहा है। सी.एन.ई.सी. को प्रोपेलेंट के वजन से दुगुनी एपोजी रॉकेट मोटर तथा जो डिजाइन हमने तैयार किया था उसी आकार की जरूरत थी।

उसी बैठक में यह फैसला किया गया कि चौथे चरण को इस प्रकार नए सिरे से तैयार किया जाएगा कि वह डायमंट पी-4 तथा एसएलवी-3 दोनों के लिए इस्तेमाल किया जा सके। मैंने इस घटना का उल्लेख इसलिए किया है, क्योंकि जब यह फैसला किया गया था तब स्वयं हम भी डिजाइन तैयार करने के चरण में ही थे। भारतीय वैज्ञानिक समुदाय पर डॉ. साराभाई का विश्वास इस हद तक था। इस चरण का विकास कार्य एसएलवी-3 के अन्य चरणों से पहले शुरू हो गया। हमारी प्रेरणा को पंख लग चुके थे और पूरे जोर-शोर से काम शुरू हो गया। दोनों दलों के बीच कुछ समीक्षा बैठकें हुईं और अंततः चौथे चरण का काम ड्राइंग बोर्ड से आगे बढ़कर विकास के

चरण तक जा पहुँचा। दुर्भाग्यवश सन् 1971 में डॉ. साराभाई का निधन हो गया और उधर फ्रांस सरकार ने भी डायमंट पी-4 कार्यक्रम को रोक दिया।

चौथे चरण के विकास के बाद अभी परीक्षण चल ही रहे थे कि एक नई आवश्यकता पैदा हो गई। दरअसल, भारत ने एक छोटे आकार का संचार उपग्रह तैयार किया था, जिसे यूरोप के एरियन प्रक्षेपण यान से प्रक्षेपित किया जाना था। इस संचार उपग्रह 'एप्पल' (एरियन पैसेंजर पेलोड एक्सपेरीमेंट) के लिए एसएलवी-3 चौथे चरण को बिलकुल उपयुक्त पाया गया और सन् 1981 में कोरू, फ्रैंच, गुयाना से एरियन के प्रक्षेपण के दौरान पेलोड में इसे शामिल कर लिया गया।

डॉ. साराभाई द्वारा सन् 1970 में जो बीजारोपण किया गया था वह वास्तव में एप्पल के भू-स्थिर कक्षा में स्थापित होने तथा धरती पर स्थित केंद्रों से संचार कायम करने के साथ पूरा हुआ। एप्पल की सफलता ने साबित कर दिया कि प्रतिबद्ध वैज्ञानिक समर्थन युक्त अंतर्दृष्टि अपने उद्देश्य को प्राप्त करती ही है। इस उपलब्धि से देश के रॉकेट प्रौद्योगिकीविदों की जबरदस्त हौसला अफजाई हुई। भले ही स्वप्नद्रष्टा आज हमारे साथ नहीं हैं, लेकिन उनका स्वप्न तो साकार रूप ले चुका है।

डॉ. साराभाई के सपने को प्रो. सतीश धवन ने साकार किया। सन् 1972 में इसरो का कामकाज सँभालने के बाद प्रो. धवन ने संगठन के अंतरिक्ष कार्यक्रमों की विस्तृत रूपरेखा तैयार की और उनके कार्य की बदौलत ही रिमोट सेंसिंग तथा संचार उपग्रहों के मामले में महत्त्वपूर्ण उपलब्धियाँ हासिल हुईं। ध्रुवीय उपग्रह प्रक्षेपण यान (पोलर सैटलाइट लॉन्च व्हीकल) ने भारत समेत अन्य कई देशों के उपग्रहों को एक ही अभियान के तहत अलग-अलग कक्षाओं में स्थापित किया।

सन् 1972 में जब मुझे एसएलवी-3 के डिजाइन, विकास और रोहिणी को धरती के समीप की कक्षा में स्थापित करने के लिए पहले उपग्रह प्रक्षेपण यान के वास्ते परियोजना निदेशक नियुक्त किया गया तो मैंने प्रो. धवन से प्रबंधन का एक महत्त्वपूर्ण सबक सीखा। वह यह कि जब परियोजना निदेशक नियुक्त किया जाता है तो संपूर्ण संगठन यहाँ तक कि इसरो का अध्यक्ष भी, उसकी सफलता के लिए काम करता है। यह एक ऐसा सबक रहा जिसे मैंने

अपनी सभी अगली परियोजनाओं के दौरान भी कारगर पाया। विभिन्न परियोजनाओं पर तीन विभागों में चालीस से भी अधिक वर्षों तक काम करने के दौरान जो कुछ अन्य बातें मैंने सीखीं वह यह कि परियोजना के प्रमुख होने के नाते आप तभी सफल होंगे जबकि आप परियोजना को अपने आपसे बड़ा समझेंगे। जब-जब परियोजना प्रमुख खुद को परियोजना से बड़ा समझने लगता है तब-तब काम पर प्रतिकूल असर पड़ता है।

अस्सी के दशक के शुरुआत में मैं इसरो मुख्यालय, बंगलौर में प्रक्षेपण यान कार्यक्रमों/प्रणालियों के निदेशक के तौर पर काम कर रहा था और हम प्रक्षेपण यानों के प्रदर्शन तथा उनके किफायती होने के विषय पर चर्चा किया करते थे। सन् 1981 में विक्रम साराभाई अंतरिक्ष केंद्र, तिरुअनंतपुरम् के वैज्ञानिकों ने इसरो के अन्य केंद्रों की मदद से पीएसएलवी का एक रचना विन्यास विकसित किया, जिस पर दो बूस्टर लगाए गए थे। उड़ान के समय पीएसएलवी का वजन 400 कि.ग्रा था। प्रो. धवन इसके वैकल्पिक तथा अधिक सरल विन्यास का अध्ययन करना चाहते थे। मैंने तथा मेरे सहयोगियों ए. शिवधनु पिल्लै, एन. सुंदराजन और के. पद्मनाभ मेनन ने आदर्श विन्यास के अभियान, प्रौद्योगिकी तथा संभाव्यता पर काम शुरू किया। दल ने कई विकल्प विकसित किए, जिसमें उन्नत ठोस प्रोपेलेंट बूस्टर युक्त कोर यान भी शामिल था तथा जिसमें एसएलवी-3 की पहले चरण के रॉकेटों का प्रयोग किया गया था। इससे पीएसएलवी का वजन घटकर उड़ान के समय 275 टन हो गया। प्रो. धवन लगभग हर रोज मेरे छोटे कमरे में आते, जो उनके दफ्तर के नजदीक ही था, और तमाम संभावित विन्यासों पर विचार-विमर्श किया करते थे। वे स्वयं सिस्टम इंजीनियरिंग और गणित की पृष्ठभूमिवाले अग्रणी वायुगति के विशेषज्ञ थे तथा अपने विचारों को ब्लैकबोर्ड पर दरशाकर हमसे कुछ और मेहनत करने के लिए कहते। हमने पीएसएलवी के विकास की संभावनाओं पर भी विचार किया, जिसमें जीएसएलवी के लिए क्रायोजेनिक इंजन प्रणाली और भू-स्थिर उपग्रहों के प्रक्षेपण की संभाव्यता पर भी चर्चा की। प्रो. धवन ने दो सर्वाधिक पसंदीदा विन्यासों को विशेषज्ञों तथा इसरो के दल के साथ चर्चा के लिए चुना। लंबी अवधि की योजनाओं को ध्यान में रखते हुए व्यापक जाँच-पड़ताल और विचार-विमर्श किया गया

और मेरे दल द्वारा प्रस्तावित पीएसएलवी विन्यास को चुन लिया गया। प्रो. धवन ने उपग्रहों तथा अनुपालन कार्यक्रमों के मद्देनजर पीएसएलवी तथा जीएसएलवी के प्रचालन के भविष्य पर विचार करते हुए इस अद्भुत विन्यास का फैसला किया और इसरो के लिए अगले पंद्रह वर्षों का खाका तैयार किया। मैंने प्रो. नरसिंह के साथ मिलकर 'डेवलपमेंट इन फ्लुइड मैकेनिक्स एंड स्पेस टेक्नोलॉजी' नामक पुस्तक लिखी और उसमें प्रो. धवन द्वारा चुनिंदा पीएसएलवी विन्यास पर आधारित उनके हाथ से तैयार यह खाका भी शामिल किया।

31 मई, 1982 का दिन मेरी स्मृति में ताजा है। प्रो. धवन ने गैर-पारंपरिक तरीके से मुझे विदाई दी। उन्होंने भविष्य के प्रक्षेपण यान कार्यक्रमों पर चर्चा के लिए इसरो परिषद् की बैठक बुलाई। बैठक में मैंने इसरो के विभिन्न केंद्र निदेशकों के समक्ष अपने प्रक्षेपण यानों के किफायती होने तथा उनके विकास संबंधी प्रतिवेदन प्रस्तुत किए। इसके बाद प्रो. धवन ने यह भेद खोला कि उन्होंने मुझे डीआरडीओ को सौंप दिया है। इस फैसले ने वाकई मुझमें वह परिवर्तन ला दिया, जिसके चलते मैं विभिन्न क्षेत्रों में प्रगति कर सका।

पीएसएलवी काम कर रहा है और जीएसएलवी जल्दी ही काम शुरू कर देगा। इनके साथ ही हम प्रक्षेपण यान प्रौद्योगिकी में आत्मनिर्भर बन गए हैं। यह सन् 1980 के दशक में प्रो. धवन की कल्पना के काफी नजदीक पहुँचाने जैसा है। उनके प्रयासों से ही इसरो की बुनियाद मजबूत हुई और अंतरिक्ष कार्यक्रम में संगठन का रुतबा बढ़ा, जिसके परिणामस्वरूप इसरो की पहचान एक सफल संगठन के रूप में बनी है। नेतृत्व को परखने का एक तरीका यह भी है कि उत्तराधिकारी एक कार्यक्रम को किस प्रकार आगे बढ़ाते हैं। इसरो में प्रो. यू.आर. राव तथा डॉ. के. कस्तूरीरंगन ने संगठन को नई सफलताएँ और गौरव दिलाया है। सेवानिवृत्ति के बाद प्रो. धवन अंतरिक्ष आयोग के सदस्य के तौर पर कार्य करते रहे और इस प्रकार उस संगठन की मदद करना उन्होंने जारी रखा, जिसे उन्होंने बनाया था। उल्लेखनीय है कि प्रो. धवन ने अंतरिक्ष अभियानों से संबंधित अपने सपनों को अपने कार्यकाल में ही साकार होते हुए देखा। जिन लोगों को उन्होंने पढ़ाया था उन्हें भी वे

प्रौद्योगिकी के अग्रणी के रूप में स्थापित होते हुए देख पाए। वे वास्तव में महान् व्यक्तित्व थे।

डीआरडीओ में आने के बाद मैंने वहाँ प्रक्षेपास्त्र विकास कार्यक्रम शुरू किया। एकीकृत निर्देशित प्रक्षेपास्त्र विकास कार्यक्रम (आईजीएमडीपी) के दौरान मुख्य जोर अत्याधुनिक प्रक्षेपास्त्र डिजाइन करने पर दिया गया। जमीन से जमीन पर मार करनेवाली 'पृथ्वी' अपने वर्ग में सर्वश्रेष्ठ रही और इसके सटीक निशाने, विश्वसनीय प्रदर्शन तथा युद्ध कौशल ने इसे प्रयोगकर्ता के नजरिए से बेहतरीन साबित किया है। एसएलवी-3 का पहला चरण भी लंबी दूरी के मारक के तौर पर 'अग्नि' के लिए तैयार कर लिया गया। यह मेरे दल द्वारा सन् 1981 में विकसित कार्यक्रम आर.ई.एक्स. (Re-Entry Experiment) से तैयार किया गया। 'पृथ्वी' तथा 'अग्नि' उत्पादन और शामिल करने के चरण में हैं। 'त्रिशूल' जमीन से जमीन पर मार करनेवाली और 'आकाश' आधुनिक मिसाइल है। तीसरी पीढ़ी की टैंक-विरोधी मिसाइल 'नाग' का ऐसी मिसाइलों की श्रेणी में दबदबा रहेगा। अंतरिक्ष तथा प्रक्षेपास्त्र कार्यक्रमों में कार्य की जटिलता के कारण देरी की संभावना होती है। लेकिन हमें इससे घबराना नहीं चाहिए। विदेशी विक्रेताओं तथा भारत स्थित उनके सहयोगियों को भारत द्वारा मिसाइल प्राप्त करने के फैसलों को प्रभावित नहीं करना चाहिए। स्थापित संस्थानों के साथ अपने अनुभवों से मैंने निष्कर्ष निकाला है कि भारत के पास इस क्षेत्र में सर्वश्रेष्ठ प्रौद्योगिकी विकसित करने की क्षमता है। भारत प्रक्षेपास्त्र प्रौद्योगिकी नियंत्रण व्यवस्था (एम.टी.सी.आर.) से कारगर तरीके से निबटना जानता है और वह ऐसा करके उन लोगों को, जो हमें हटाना चाहते हैं, यह जता सकता है कि 'हम ऐसा कर सकते हैं'।

मिसाइल प्रणाली के डिजाइन चरण को तैयार करने की क्षमता विकसित होने के बाद मैंने आईजीएमडीपी से आगे बढ़कर देखा। तब सुपरसॉनिक क्रूज मिसाइल ही स्वाभाविक परिणति लगी, जो सामरिक युद्धों के लिए अत्यावश्यक है। कई देशों के पास क्रूज मिसाइलें हैं, लेकिन वे सुपरसॉनिक रफ्तार से बढ़ती हैं। हमारी संस्था ने एक रूसी संस्थान एन.पी.ओ. माशीनोस्त्रोयेनिया के साथ मिलकर सुपरसॉनिक क्रूज मिसाइल प्रणाली विकसित करने का समझौता किया है। यह भागीदारी मैत्री और समान योग्यता के

आधार पर तय की गई है।

मुझे एन.पी.ओ. माशीनोस्त्रोयेनिया के महानिदेशक और हमारे समय के श्रेष्ठ वैज्ञानिक डॉ. एच.ए. येफ्रोमोफ के साथ बिताया समय याद आ रहा है। उन्होंने सात प्रकार की क्रूज मिसाइलें तैयार कीं, और उन्हें रूसी नौसेना में शामिल करवाया। सन् 1990 के दशक की परिस्थितियों में उन्नत प्रौद्योगिकी आधारित परियोजनाओं में भारत तथा रूस के बीच संयुक्त उपक्रम स्थापित करना डॉ. येफ्रोमोफ तथा मेरे लिए एक जटिल सवाल बन गया था। जब कभी मैं डॉ. येफ्रोमोफ से मिलता तो वे मुझे प्रो. धवन या रॉकेट प्रौद्योगिकी के जनक डॉ. वर्नर फॉन ब्राउन की ही तरह महान् वैज्ञानिक लगते। डॉ. येफ्रोमोफ मुझे अपने उन प्रौद्योगिकी केंद्रों में भी ले गए जो आमतौर पर किसी विदेशी को नहीं दिखाए जाते हैं। उन्होंने सचमुच मेरे साथ दोस्ताना व्यवहार रखा और अपनी प्रयोगशाला में मेरे लिए भारतीय भोजन की व्यवस्था करवाई। मैं उन्हें हैदराबाद में उन्नत मिसाइल प्रौद्योगिकी केंद्र—अनुसंधान केंद्र इमारत में ले गया। वे भारत की प्रगति को देखकर बहुत प्रसन्न हुए। हमारे वैज्ञानिक मस्तिष्क एकाकार हो गए और हमारी दोस्ती फलने-फूलने लगी। हमने अपने संयुक्त उपक्रम को ब्रह्मपुत्र तथा मास्को नदियों के नाम पर 'ब्रह्मॉस' कहा। शिवथनु पिल्लै, रामानाथन, वेणु गोपालन और वाइस एडमिरल भारत भूषण ने रूसी विशेषज्ञों के साथ मिलकर इस संयुक्त उपक्रम को अंतिम रूप दिया। रक्षा अनुसंधान तथा विकास प्रयोगशाला (डीआरडीएल) के प्रोपल्शन वैज्ञानिक वेणु गोपालन को परियोजना निदेशक बनाया गया। इस तरह एक नए किस्म का संयुक्त उपक्रम अस्तित्व में आया, जिसने दोनों देशों के वैज्ञानिक समुदायों को उन्नत प्रौद्योगिकी आधारित शस्त्रों के डिजाइन, विकास, उत्पादन तथा विपणन के क्षेत्र में एक साथ ला खड़ा किया। जिस प्रकार दोनों दलों को इससे खुशी मिली उसी तरह मेरे लिए भी यह प्रसन्नता का विषय था। चंडीपुर स्थित अंतरिम परीक्षण स्थल से 12 जून, 2001 को ब्रह्मॉस की पहली उड़ान संयुक्त उपक्रम की प्रगति को दरशानेवाली मील का पत्थर साबित हुई। 28 अप्रैल, 2002 को दूसरी उड़ान ने पहली के नतीजों की पुष्टि कर दी और इससे हमारा उत्साहवर्धन भी हुआ।

डॉ. येफ्रोमोफ और मुझे प्रसन्नता है कि भारत तथा रूस ने महसूस

किया कि यह संयुक्त उपक्रम दो मित्र देशों के उन्नत हथियारों का निर्माण करने तथा विश्व बाज़ार में प्रवेश के लिए करीब लाने का माध्यम बना। कथित विकसित देशों से पहले ही उन्नत हथियार प्रणाली के विपणन का मेरा सपना ब्रह्मॉस के जरिए पूरा होगा, भले ही तब मैं इसके परिदृश्य से दूर रहा हूँ। पर जिस टीम का मैंने गठन किया था उसने पूरे भरोसे के साथ काम किया है। मैं खुश हूँ।

मैंने देश के 'दुग्ध पुरुष' कहे जानेवाले डॉ. वर्गीज कुरियन की लिखी पुस्तक 'एन अनफिनिश्ड ड्रीम' पढ़ी थी। इस पुस्तक में वे लिखते हैं कि 'यह सब अचानक ही हुआ कि मैं डेयरी उद्योग से जुड़ गया।' लेकिन ब्रिटेन के विशेषज्ञ की यह टिप्पणी कि 'जीवाणुओं की उपस्थिति के लिहाज से लंदन की सीवर लाइनों का पानी भी बंबई के दूध से बेहतर होता है' युवा कुरियन को चुनौतीपूर्ण लगा और वे डेयरी उद्योग की स्थिति सुधारने के लिए जी-जान से जुट गए। नतीजतन, दूध उत्पादन के क्षेत्र में भारत आज अग्रणी देशों में है।

आणंद यात्रा के दौरान मुझे उनके साथ एक दिन बिताने का मौका मिला। अमूल डेयरी का दौरा करते हुए मैंने नियमित कामकाज में आए मूल्यवर्धन को देखा। इस सहकारी तंत्र ने दूध के बाद अन्य उत्पादों, जैसे—मक्खन, पनीर, आइसक्रीम वगैरह बनाना भी शुरू कर दिया है। इन प्रयासों ने आज के अत्यधिक प्रतिस्पर्धी माहौल में भी उसकी स्थिति को मजबूत बना दिया है। जब मैंने उनसे पूछा कि उनके अनुसार देश को विकास की राह पर अग्रसर करने का निश्चित तरीका क्या है, तो उनका जवाब था, 'आपको हमारे युवा पेशेवरों तथा देश के किसानों के रूप में उपलब्ध संसाधनों के बूते पर इस काम को आगे बढ़ाना चाहिए। उनको शामिल किए बगैर हम सफल नहीं हो सकते। उनकी भागीदारी होने पर हम असफल भी नहीं होंगे।'

मैं हैदराबाद के भारत-अमेरिकी कैंसर संस्थान के चिकित्सा विशेषज्ञ प्रो. काकरला सुब्बाराव के साथ अपनी बैठक का भी जिक्र करना चाहूँगा। मैंने उनसे पूछा कि क्या कैंसर असाध्य अभिशाप है? सतहत्तर वर्षीय अल्बर्ट आइंस्टाइन रेडियोलॉजी प्रोफेसर ने जवाब दिया, 'हाँ' और 'नहीं'। हाँ इसलिए क्योंकि आनुवंशिकी के जरिए कुछ ऐसे गुण हमें विरासत में मिलते हैं जो

हमें इस रोग का शिकार बना सकते हैं। नहीं इसलिए, क्योंकि इस बीमारी का हमें शिकार बनना या इससे हमारा बचाव काफी हद तक हमारी प्रतिरक्षा प्रणाली पर भी निर्भर होता है। हमारा मस्तिष्क किस प्रकार से प्रतिरक्षा प्रतिक्रिया को प्रेरित कर सकता है, इस विषय पर जारी शोध ने साइको-न्यूरो-इम्यूनोलॉजी (पी.एन.आई.) अर्थात् मनो-तंत्रिका-प्रतिरक्षा विज्ञान की एक नई शाखा को जन्म दिया है। इस क्षेत्र में हो रही खोजों से कैंसर, एड्स, सी.एफ.आई.डी.एस. (क्रॉनिक फटिग इम्यून डिस्फंक्शन सिंड्रोम) तथा प्रतिरक्षा प्रणाली से संबंधित अन्य रोगों के मरीजों के लिए उम्मीद बँधी है। मस्तिष्क तथा हृदय के आपसी संबंधों पर आधारित साइको-न्यूरो-कार्डियोलॉजी (पी.एन.सी.) या रक्त संबंधी विकारों, जैसे हिमोफीलिया में रक्त के जमाव की समस्या आदि में मस्तिष्क के प्रभाव अर्थात् साइको-न्यूरो हिमेटोलॉजी (पी.एन.एच.) जैसे नए शोध के विषय भी सामने आ रहे हैं। यह है विचारों की ताकत!

ये कुछ ऐसे रोग हैं जिनके लिए सघन इलाज की आवश्यकता होती है। लेकिन इस क्षेत्र में भी चिकित्सा प्रणाली यह स्वीकार करती है कि हमारा मस्तिष्क प्रमुख भूमिका निभा सकता है।

सार

दूरदृष्टि मेधा को प्रज्वलित करती है। भारत को जे.आर.डी. टाटा, विक्रम साराभाई, सतीश धवन तथा वर्गीज कुरियन सरीखे दूरदर्शियों की आवश्यकता है, जो अभियान-प्रेरित कार्यक्रमों में पूरी पीढ़ी को शामिल कर संपूर्ण देश के हित के लिए काम किया करते थे।

□

सत्संग की शक्ति

किसी भी समाज की समृद्धि के लिए दो बातें जरूरी हैं। ये हैं— धनोपार्जन के जरिए समृद्धि तथा लोगों की नैतिक मूल्य व्यवस्था को बनाए रखना। इन दोनों का मेल राष्ट्र को सही मायने में शक्ति-संपन्न और समृद्ध बनाता है।

मैं हमेशा युवाओं से सपने देखने के लिए कहता हूँ। यह संदेश उस समझ की देन है जिसके मुताबिक हम सभी के भीतर सफलता को आकृष्ट करने की परिस्थितियाँ निर्मित करने की योग्यता मौजूद है। बचपन में जब आइंस्टाइन ने पहली बार दिशासूचक को देखा तो वह यह देखकर हैरान हो गए कि उसकी सूई उनके हिलाने से अपनी दिशा बदल लिया करती थी। फिर तो उस सूई को देखते रहना उनका शौक बन गया और वे उस अदृश्य ताकत को समझने का प्रयत्न करते रहते जो उस सूई को हिलाती थी। वह बल कहाँ स्थित है? उसे कौन नियंत्रित करता है? वह हमेशा काम क्यों करता है? वह किससे बना है? क्या ऐसे स्थान भी हैं जहाँ उसका जोर नहीं चलता? दरअसल, पृथ्वी के उत्तर-दक्षिण ध्रुवों पर मौजूद छोटी सी चुंबक ही दिशासूचक की सूइयों को हिलाती है। लेकिन क्या बस इतना ही सच है इसके बारे में?

हम चुंबकीय क्षेत्र का प्रभाव महसूस तो कर सकते हैं, लेकिन इस ग्रह पर हर जगह उसके होने के बावजूद उसे देख नहीं पाते। तर्क तो कहता है कि वह हमारे भीतर भी है।

इसी प्रकार अंतरिक्ष में घूमते हुए हमारा ग्रह हर वक्त गतिशील रहता

है। हालाँकि हमें देखने पर लगता है कि हम स्थिर हैं, मगर सच्चाई यह है कि इस ग्रह पर मौजूद हर वस्तु इस गतिशीलता का अंग है। मैं इस ग्रह पर हूँ और इस प्रकार उस ऊर्जा का हिस्सा हूँ जो इसे गतिशील बनाए है अर्थात् वह ऊर्जा जो इस ग्रह का मूल तत्त्व है मेरे भीतर भी मौजूद है।

डायर का तर्क है कि हम इस ब्रह्मांडीय ऊर्जा के बलबूते पर हर उस वस्तु को प्राप्त कर सकते हैं, जिसकी इच्छा हम करते हैं, क्योंकि जिसकी इच्छा हम रखते हैं वह हमारे भीतर ही होता है और इसका उलट भी सत्य है। यह तो सिर्फ एक साथ लाने भर की बात है और यह हमें इस बल को एकाकार कर सकता है।

विज्ञान तथा आध्यात्मिकता के मिलन स्थल पर ऐसे विचारों के साथ मैंने एक वर्ष की अवधि में कुछ खास स्थानों पर जाने के अवसर अपने लिए जुटाए। इनमें से ज्यादातर स्थान मेरे लिए नए थे और उन्होंने मुझे उन विषयों को जानने का मौका दिया जिनमें मेरी दिलचस्पी तो थी, लेकिन जिनकी खोज मैं नहीं कर पाया था—मसलन, साधु-संतों की दुनिया। जिन आध्यात्मिक केंद्रों पर मैं गया, वहाँ तरह-तरह की गतिविधियाँ देखीं। एक स्थान पर तो नैतिक मूल्यों पर आधारित शिक्षा देने का प्रबंध किया गया था जिससे मैं बड़ा प्रभावित हुआ। एक अन्य स्थान पर प्राचीन विज्ञान को आधुनिक के साथ एकीकृत करने तथा संस्कृत में रचे गए दस्तावेजों के अध्ययन के जरिए प्राचीन काल में की गई प्रगति का पता लगाने के प्रयास जारी थे। मैंने देखा कि किस प्रकार एक सूफी संत विभिन्न धर्मों के लोगों के आकर्षण का केंद्र बन सकता है। एक गुरु के साथ मैंने विज्ञान और आध्यात्मिकता को एकाकार करने के बारे में विस्तृत चर्चा की। मैंने देखा कि किस प्रकार एक पुण्यात्मा धार्मिक अवलंबन से भी आगे जाकर अस्पताल स्थापित करने और जलापूर्ति योजना पर काम कर सकती है। एक जगह ऐसी भी थी जहाँ कैंसर की अंतिम अवस्था से पीड़ित रोगियों की तकलीफों को कम करने की कोशिश की जा रही थी। एक अन्य केंद्र चिकित्सा विज्ञान तथा ध्यान के बीच कायम संपर्क का पता लगाने की कोशिश में जुटा था।

मेरी यात्रा 13 जून, 2001 को शुरू हुई थी और तब मैं अमदाबाद में स्वामीनारायण संस्था के प्रमुख स्वामी महाराज से मिला। विज्ञान तथा

आध्यात्मिकता को एकाकार करने तथा राष्ट्रीय विकास में इसकी भूमिका को लेकर करीब घंटे भर तक मैंने स्वामीजी के साथ विचार-विमर्श किया। स्वामीजी के साथ चले सवाल-जवाब के सिलसिले को यहाँ प्रस्तुत करने के मोह से मैं खुद को रोक नहीं पा रहा हूँ।

अब्दुल कलाम (अ.क.) : स्वामीजी, भारत सन् 1857 से ही आजाद होने का सपना देख रहा था। एक राष्ट्र के नाते हमें नब्बे वर्ष इस आजादी को पाने में लगे। उस दौरान पूरा राष्ट्र—जवान और बूढ़े, अमीर और गरीब, शिक्षित तथा अनपढ़—सभी इस उद्देश्य के लिए एक साथ थे। लक्ष्य एक था और ठीक प्रकार से समझा हुआ था—स्वतंत्रता को पाने का लक्ष्य। स्वामीजी, वैसा ही सपना अब कौन सा हो सकता है ? पिछले पचास वर्षों से भारत एक विकासशील देश है। इसका मतलब यह है कि आर्थिक दृष्टि से हम मजबूत नहीं हैं, सामाजिक रूप से हम स्थिर नहीं हैं, सुरक्षा के लिहाज से हम आत्मनिर्भर नहीं बन पाए हैं और शायद यही कारण है कि हमें विकासशील देश कहा जाता है। टाइफैक (टेक्नोलॉजी इंफॉरमेशन, फोरकास्टिंग एंड एसेसमेंट काउंसिल) के पाँच सौ सदस्यों ने इस बारे में विचार किया है कि भारत का अगला स्वप्न क्या हो ? हमने भारत में परिवर्तन लाने के लिए पाँच क्षेत्रों की पहचान की है—शिक्षा तथा स्वास्थ्य-शिक्षा, कृषि, सूचना और संचार, ढाँचागत और महत्त्वपूर्ण प्रौद्योगिकी। स्वामीजी, हमारी समस्या यह है कि हम सरकार के समक्ष यह पेश तो कर सकते हैं, लेकिन इस विशाल स्वप्न को सँजोनेवाले मूल्यों से प्रेरित लोगों का निर्माण कैसे हो ? हमें मूल्य-आधारित नागरिकों की टीम चाहिए। अन्यथा जैसा कि हम देख ही रहे हैं, संसाधनों को प्रभावी रूप से इस्तेमाल नहीं किया जा सकेगा। इस मामले में हमें आपके सुझावों की जरूरत है।

स्वामीजी : इन पाँचों के अलावा तुम्हें छठे तत्त्व की भी जरूरत है और वह है ईश्वर पर भरोसा तथा लोगों का आध्यात्मिक विकास। यह बहुत महत्त्वपूर्ण है। पहले हमें नैतिक और आध्यात्मिक माहौल तैयार करने की जरूरत है। अपराध और भ्रष्टाचार से युक्त मौजूदा वातावरण को बदलना होगा। हमें उन लोगों की आवश्यकता है जो धर्मग्रंथों के मुताबिक चलें और ईश्वर पर भरोसा रखें। इसके लिए हमें उनमें विश्वास जगाना होगा। इससे

बहुत कुछ आसान हो जाएगा। हमारी समस्याएँ हल हो जाएँगी और हम वह प्राप्त कर सकेंगे जिसका सपना हमने देखा है।

अ.क. : स्वामीजी, क्या भारत को बदलने के इतने बड़े स्वप्न को आगे ले जाने के लिए हमें पहले आध्यात्मिक परंपरा विकसित करनी होगी—लोगों में आध्यात्मिक रुझान पैदा करना होगा—और तब कहीं जाकर हम खुद को अपने इस स्वप्न पर केंद्रित कर पाएँगे, या फिर शिक्षा अथवा स्वास्थ्य जैसे महत्त्वपूर्ण क्षेत्रों में से किसी एक पर ध्यान दें? अथवा फिर सबकुछ एक साथ लेकर चलें और साथ-साथ उनपर काम करें?

स्वामीजी : हमें साथ-साथ ही आगे बढ़ना चाहिए। देश की प्रगति के लिए जिन पाँच क्षेत्रों की पहचान तुम्हारे दल ने की है, उनपर काम जारी रखना चाहिए और साथ ही आध्यात्मिकता का समावेश भी करते रहें। हमारी संस्कृति हमें परा (आध्यात्गिकता), अपरा (सांसारिक) और विद्या (ज्ञान) को जानने की शिक्षा देती है। इसलिए अपरा के साथ-साथ व्यक्ति को परा को भी सीखना चाहिए। यदि हम यह सीख लें तो अपरा—सांसारिक ज्ञान—विद्या का आधार धर्म तथा आध्यात्मिकता होते देर नहीं लगेगी। हर व्यक्ति को यह याद रखना चाहिए कि ईश्वरीय व्यवस्था में सृजन का मुख्य लक्ष्य यही है कि हर व्यक्ति, हर आत्मा को मोक्ष प्राप्त हो।

अ.क. : इस स्वप्न को साकार करने के लिए तीन तरह के लोगों की जरूरत है—पुण्यात्मा (गुणी व्यक्ति), पुण्य नेता (गुणी नेता) तथा पुण्य अधिकारी (गुणी अधिकारी)। यदि इन तीनों प्रकार के लोगों की संख्या हमारे समाज में बढ़ जाएगी तो भारत देश जगद्‌गुरु (संसार का नेता) बन जाएगा। इनकी संख्या को कैसे बढ़ाया जा सकता है?

स्वामीजी : स्कूलों तथा कॉलेजों में शैक्षिक और वैज्ञानिक प्रशिक्षण के साथ-साथ आध्यात्मिक प्रशिक्षण की भी व्यवस्था करें। इन दिनों स्कूल-कॉलेजों के पाठ्यक्रमों में से आध्यात्मिक शिक्षा को हटा दिया गया है। जिस ज्ञान को शैशवावस्था से ही दिया जाना चाहिए उसकी उपेक्षा हो रही है और केवल शैक्षिक ज्ञान ही दिया जा रहा है। लेकिन प्रारंभ से ही, जन्म लेने के बाद से ही लोगों को मूल्यों का ज्ञान कराया जाना चाहिए, ताकि वे गुणी बन सकें। हमारे धर्मग्रंथों के ज्ञान तथा महान् साधु-संतों की शिक्षाओं को पाठ्यक्रम

का हिस्सा बनाया जाना चाहिए। जिन सामाजिक, आध्यात्मिक और राजनीतिक नेताओं का हम सम्मान करते हैं, उन्होंने शुरू से ही ठीक मूल्यों को ग्रहण किया होता है। पूर्व में इन मूल्यों की शिक्षा गुरुकुलों में दी जाती थी। वहाँ राजा और रंक एक साथ पढ़ा करते थे। शिक्षा के साथ-साथ सत्यम् वद् (सच बोलो), धर्मम् चर (सही मार्ग पर चलो), परोपकार और ईश्वर में आस्था जैसे सबक भी वहाँ सिखाए जाते थे।

अ.क. : स्वामीजी, सरकारी कानूनों से अच्छे नागरिक पैदा नहीं हो सकते। क्या आध्यात्मिक संस्थान ऐसा कर सकते हैं ? क्या आप अभिभावकों से कह सकते हैं कि वे अपने बच्चों को पंद्रह वर्ष की उम्र तक सही मूल्यों को सीखने दें ? इसी प्रकार सभी प्राथमिक स्कूलों में अध्यापकों को बच्चों में ये गुण पैदा करने चाहिए; लेकिन अगर हम ऐसा करने में नाकाम रहे तो सरकार खुद अच्छे और ईमानदार नागरिक पैदा नहीं कर सकती। क्या मेरी यह समझ सही है, स्वामीजी ?

स्वामीजी : हाँ, यह ठीक है। यह बिलकुल सच है। हम तो शुरू से ही कहते आए हैं कि माँ-बाप को घरों में, अध्यापकों को स्कूलों में और गुरु को बाद के जीवन में मूल्यों की शिक्षा देनी चाहिए।

अ.क. : जब मैंने पहला रॉकेट प्रक्षेपित किया तो वह प्रयास असफल रहा था, लेकिन इसरो के समर्थन से मेरी टीम ने इस असफलता को बाद में सफलता में बदल डाला। यही भाव तिरुवल्लुवर ने 'तिरुक्कुरल' में भी व्यक्त किया है—असफलता के क्षण को हँसते-खेलते हुए गले लगाएँ।

स्वामीजी : इस प्रकार के श्रेष्ठ विचार होने पर देशभक्ति का भाव जागना स्वाभाविक है। इसीलिए हम कहते हैं कि यदि प्रारंभ से ही आध्यात्मिक ज्ञान दिया जाए तो अपने देश, समाज तथा धर्म के प्रति प्यार और गर्व का भाव अवश्य जागेगा। आध्यात्मिक मूल्य ही हमारे जीवन का आधार तैयार किया जाना चाहिए।

अ.क. : आध्यात्मिक बल जरूरी है और इसके साथ-साथ हमारे पास आध्यात्मिक शक्ति भी होनी चाहिए, क्योंकि शक्ति से ही संसार में सम्मान प्राप्त होता है। इन दोनों का संयोग होना चाहिए और इस लक्ष्य को हासिल करने का एक ही तरीका है—पसीना! कड़ी मेहनत करना आवश्यक है।

स्वामीजी : हम अकसर कहते हैं, 'मनुष्य के प्रयास और ईश्वर की मेहरबानी।' यहाँ तक कि पहले रॉकेट के प्रक्षेपण में तुम्हें मिली असफलता भी तुम्हारे भले के लिए थी। उसने तुम्हें बेहतर करने को प्रेरित किया। ईश्वर ने अंततः तुम्हें सफलता दिलाई।

अ.क. : भारत के विकास के लिए मैं एक ट्रस्ट का गठन करना चाहता हूँ—'विजन 2020', जिसमें मेरी विचारधारा से मिलते-जुलते विचारोंवाले पाँच और लोग भी होंगे। मुझे इसके लिए आपका आशीर्वाद चाहिए।

स्वामीजी : ईश्वर की कृपा तुम पर पहले से ही है। मैं प्रार्थना करूँगा कि तुम्हारे सपने साकार हों। भगवान् करे कि भारत में आध्यात्मिक तथा आर्थिक खुशहाली आए। मैं तो यह कहना चाहता हूँ कि हमारी आध्यात्मिक पूँजी जितनी सुदृढ़ होगी उतना ही सुदृढ़ आधार अन्य किस्म की पूँजी का बनेगा। यदि तुम सिर्फ भौतिक संपदा को ही बढ़ाने में लगे रहोगे तो इनसान ऐश्वर्य और सांसारिक मोह-माया में फँसकर रह जाएगा। आध्यात्मिकता ही उसका मार्गदर्शन कर व्यर्थ के छलावों से आगे ले जाएगी। वास्तव में, हम वह सब शायद ही उपलब्ध कराते हैं जिसकी सचमुच जरूरत होती है। हम रोटी, कपड़ा और मकान का प्रबंध करते हैं, मगर साथ ही हमें आध्यात्मिक संपदा जुटाने की भी व्यवस्था करनी चाहिए। यह याद रखना चाहिए कि जब किसी को उसकी जरूरत से ज्यादा पैसा और ताकत मिल जाती है तो वह बरबादी, बेचैनी और विनाश के रास्ते पर बढ़ने लगता है। वह नियंत्रण खो बैठता है।

अच्छा किया जो आज तुम यहाँ आए, इससे हमें खुशी मिली है। प्राचीन ऋषियों ने हमें विज्ञान सौंपा है। तुम भी एक ऋषि ही हो।

सितंबर 2001 में मैं अजमेर में सूफी संत ख्वाजा मोइनुद्दीन चिश्ती, जिन्हें गरीब नवाज भी कहा जाता है, की दरगाह शरीफ गया था। यहीं पर सन् 1256 में एक सौ चौदह वर्ष की उम्र में संत ने एकांत में एक कोठरी में छह दिन तक दुआ की थी और उसके बाद उनका देहांत हो गया। दरगाह की परिक्रमा करते हुए मैं उस सौंदर्य को देखकर अभिभूत हो गया, जिसका प्रतीक वह आध्यात्मिक स्थल था। आठ सौ साल पहले अरब से आए एक संत कई जगहों से होते हुए अजमेर पहुँचे। यहाँ उन्होंने दरगाह के आस-पास बसे विभिन्न समुदायों के लोगों का एकीकरण किया।

ख्वाजा गरीब नवाज की शिक्षा और संदेश असाधारण हैं। उनकी साधारण शिक्षा पत्थरदिल इनसान तक को हिलाकर रख देती है; उनकी प्रेम से भरी निगाहें कट्टर दुश्मन तक को चुप कराने की क्षमता रखती थीं; उन्होंने वैश्विक प्यार और शांति का संदेश दिया। उनके बाद गद्दीनशीं हुए चिश्ती सूफियों ने उनकी परंपरा को कायम रखा। वास्तव में, वे राष्ट्रीय एकता के अग्रदूत थे।

ख्वाजा साहब की शिक्षाओं को कई किताबों में दर्ज किया गया है। उनके मुताबिक, नदी की तरह विशाल, सूर्य की तरह उदार और धरती की तरह विनम्र व्यक्ति ही ईश्वर के सबसे अधिक करीब होता है। ख्वाजा साहब का कहना था कि श्रेष्ठ चरित्र वही है जो गरीबी में भी गरिमा नहीं छोड़ता, भूख लगने पर भी संतुष्ट रहता है, दुःख में खिलखिलाता है और विरोधाभास के वक्त भी मित्रवत् व्यवहार करता है। इस महान् संत का मानना था कि नरक से बचने के लिए भूखों को भोजन कराना चाहिए, दुःखी जनों की परेशानियाँ दूर करनी चाहिए और समस्याओं से घिरे व्यक्ति की मदद करने को उत्सुक होना चाहिए। ख्वाजा साहब ने आरिफ के रूप में एक आदर्श हमें दिया था, जो मृत्यु को अपना मित्र और आराम को दुश्मन मानता था और हमेशा ईश्वर को याद करता था। आरिफ को भय होता है, वह सम्मान का भाव रखता है तथा शरमाता भी है।

हम भी आरिफ की ही तरह व्यवहार क्यों नहीं कर सकते? मुझे हैरानी होती है। कुछ भी करने से पहले खुद से यह सवाल पूछें, 'जो कुछ मैं करने या कहने जा रहा हूँ क्या उससे मुझे शांति मिलेगी?' जैसा कि डायर ने कहा था कि अगर आपका जवाब 'हाँ' है तो दिलेरी से आगे बढ़ें और तब आपकी सर्वोच्च चेतना से युक्त बुद्धि भी आपका साथ देगी। अगर जवाब 'नहीं' है तो अपने अहम् भाव के प्रति सतर्क रहें। यह अहम् ही है जो गड़बड़ी फैलाता है, क्योंकि वह आपको परमात्मा समेत सभी से दूर करता है। ख्वाजा साहब की दरगाह में मैं उस आवाज को सुन सकता था जो आपको शांति से रहने के लिए कहती है।

अजमेर शहर अरावली पहाड़ियों पर बसा है। दरगाह शरीफ के अलावा वहाँ पवित्र पुष्कर झील भी है। ये दोनों पवित्र स्थल भारत के दो बड़े धर्मों का

प्रतीक हैं। अजमेर एक शांत शहर का आदर्श हमारे सामने रखता है। इसी के वास्ते मैंने शुक्रिया अदा करते हुए नमाज अता की। इस दृश्य से मुझे दो अन्य धार्मिक केंद्रों नागौर दरगाह और वेलानकन्नी गिरिजाघर की याद आ गई।

2 अक्तूबर, 2001 को मैंने इंडियन इंस्टीट्यूट ऑफ साइंस के प्रो. एन. बालाकृष्णन तथा वीएसएससी के जी. माधवन नायर के साथ केरल में कोल्लम स्थित अमृत आनंदमयी के अमृता इंस्टीट्यूट ऑफ कंप्यूटर टेक्नोलॉजी का दौरा किया। मैंने वहाँ लगभग एक हजार युवा छात्रों, अध्यापकों, ब्रह्मचारियों और स्वामियों को संबोधित किया। मेरे व्याख्यान का विषय था—'ज्ञान उत्पादों के विविध पहलू'। मैंने पाया कि वे छात्र नए विचारों को ग्रहण करने को आतुर थे। उनके सवालों से साफ झलक रहा था कि उन्हें न सिर्फ तकनीकी विकास में दिलचस्पी थी बल्कि वे ईमानदार जीवन-शैली को भी अपनाना चाहते थे। छात्रों के साथ मेल-जोल के बाद मैं अम्मा से मिला। वह एक अद्‌भुत अनुभव था।

वे लोगों को यह संदेश दे रही थीं कि किस प्रकार व्यक्ति ईश्वर के नजदीक पहुँच सकता है। मुझे उन तमाम प्रयासों को देखकर हैरानी हुई जिसके चलते अस्पतालों, उच्च योग्यता के प्रबंधन स्कूलों, समाज के आर्थिक रूप से कमजोर वर्गों के लिए रिहाइशी इकाइयों को तैयार करवाया गया था। मैंने अम्मा और अन्य संन्यासियों के साथ विचार-विमर्श किया। हालाँकि संस्थान सभी प्रमुख क्षेत्रों में शिक्षा उपलब्ध कराता है और इंजीनियर, डॉक्टर, प्रबंधन स्नातक तथा विज्ञान शोधार्थी तैयार करता है तो भी वे अपनी विशेषज्ञता के दायरे में कैद होकर रह गए हैं। तभी अचानक अम्मा बोलीं, 'कुछ है जो अपने स्थान पर नहीं है। उसे कैसे जोड़ा जाए?'

उनका इशारा इन तमाम योग्यताओं को एक संयुक्त उद्‌देश्य के लिए एकजुट करने की तरफ था।

मैं राजकोट स्थित क्राइस्ट कॉलेज में एक समारोह में भाग लेने के लिए तैयार हो रहा था कि रामकृष्ण मिशन के स्वामी निखिलेश्वरानंद का फोन मेरे पास आया। स्वामीजी ने मुझसे आश्रम में आने का अनुरोध किया, जिसे मुझे स्वीकार करना ही था। क्राइस्ट कॉलेज में समारोह पूरा होने के बाद मैं आश्रम चला गया। उस समय संध्या और भजन चल रहा था तथा

गायक मंडली की शांत-मधुर आवाज सुनकर मैं सुध-बुध खो बैठा और करीब पंद्रह मिनट तक वहीं उनके साथ ध्यानावस्था में बैठा रहा। यहाँ भी मैंने उन्हीं तरंगों को महसूस किया जो महात्मा गांधी के जन्म स्थान पोरबंदर में स्थित स्वामी विवेकानंद हॉल में ध्यान के दौरान महसूस की थीं।

6 अक्तूबर, 2001 को कांची के शंकराचार्यों ने ज्ञानाधारित ग्रामीण विकास की अवधारणा के जरिए एकीकृत विकास कार्यक्रम शुरू करने के उद्‌देश्य से सैकड़ों गाँवों के किसानों की एक महत्त्वपूर्ण बैठक बुलाई। मुझे भी इसमें भाग लेने के लिए आमंत्रित किया गया था। विभिन्न पार्टियों के पंचायत प्रमुख ग्रामीण क्षेत्रों में शहरी सुविधाएँ उपलब्ध कराने (पी.यू.आर.ए. अर्थात् पुरा) की परियोजना के तहत विकास कार्यक्रमों पर चर्चा के लिए एकत्रित हुए थे। मैं यह देखकर हैरान रह गया कि धार्मिक नेता भी विकास गतिविधियों में सहायता कर रहे थे।

बैठक समाप्त होने के बाद दोनों आचार्यों ने मुझे निजी मुलाकात के लिए बुलाया। स्वामी जयेंद्र सरस्वतीगल ने हेलिकॉप्टर दुर्घटना के बारे में पूछताछ की और मुझे आशीर्वाद दिया। स्वामी विजयेंद्र सरस्वतीगल ने मुझे यह संदेश दिया कि तीन सौ वर्ष पुरानी एक प्रसिद्ध मसजिद के मौलवी मुझे अपने साथ वहाँ ले जाने के लिए मठ में मेरी प्रतीक्षा कर रहे हैं। स्वामीजी ने कहा कि मुझे उस मसजिद में जाना चाहिए।

इस संदेश से मुझे परमाचार्य के समय की एक दशक पुरानी घटना याद हो आई, जो पूर्व राष्ट्रपति आर. वेंकटरमन ने सुनाई थी। श्री वेंकटरमन ने कांची मठ के करीब बनी मसजिद मुझे दिखाई थी। कुछ वर्ष मसजिद जमायत तथा जिला अधिकारियों ने मसजिद को किसी अन्य स्थान पर स्थानांतरित करने का फैसला किया था, क्योंकि उसके मौजूदा स्थान से मठ तथा मसजिद दोनों को ही असुविधा होती थी। चूँकि उस ऐतिहासिक मसजिद में काफी बड़ी संख्या में लोगों का आना-जाना लगा रहता है और मठ में भी काफी भीड़-भाड़ होती है इस कारण यातायात को सँभालना काफी कठिन हो जाता है। मठ नए स्थान पर मसजिद का निर्माण कराएगी। किसी तरह यह बात परमाचार्य के कानों तक जा पहुँची। उन्होंने इस सुझाव का एकदम विरोध किया। उन्होंने कहा, 'दरअसल, सवेरे साढ़े चार बजे जब मसजिद से

अजान सुनाई पड़ती है तो यह मुझे जगाने की प्रक्रिया होती है, ताकि मैं भी अपने धार्मिक कामकाज में जुट जाऊँ।' और भी कई कारणों से वे मसजिद का स्थान बदलने के पक्ष में नहीं थे। उन्होंने जिला प्राधिकरण तथा मठ अधिकारियों को यह बात स्पष्ट कर दी। इसके बाद परमाचार्य ने मौन व्रत धारण कर लिया और तब तक नहीं बोले जब तक मसजिद को हटाने का मामला ठंडा नहीं पड़ गया।

बाद में मैं मसजिद गया और मौलवी तथा काजी से मिला। वहाँ नमाज अता की। करीब पचास छात्र पवित्र कुरान की शिक्षा ले रहे थे। मैं उनके साथ बैठ गया। उनसे अल्तमतु सुनाने को कहा। कांची में मैंने वैदिक मंत्रोच्चार और कुरान शरीफ के संदेशों को साथ-साथ सुना। भारत की महानता और मूल तत्त्व यही है। क्या ज्ञान के प्रति कांची की एकीकृत दृष्टि हमारा तथा शेष संसार का मार्गदर्शन कर सकती है?

शंकर कॉलेज ऑफ इंजीनियरिंग में शंकराचार्य की अध्यक्षता में आयोजित बैठक में संस्कृत के प्रोफेसरों, छात्रों तथा अध्यापकों के साथ बातचीत के क्रम में यह स्पष्ट हो गया कि प्राचीन संस्कृत साहित्य वैज्ञानिक सिद्धांतों तथा विधियों का भंडार है; और तो और उसमें विमान कैसे बनाएँ जैसे विषय पर भी सामग्री उपलब्ध है। भौतिकी, रसायन शास्त्र, चिकित्सा तथा आयुर्वेद पर विस्तृत जानकारी से भरपूर है संस्कृत साहित्य। इस बात पर सभी सर्वसम्मत थे कि हमारे प्राचीन विद्वानों और वैज्ञानिकों के काम की पूरी जाँच कर जहाँ भी संभव हो उसे आधुनिक विज्ञान के साथ एकाकार किया जाना चाहिए।

प्रो. रामा राव के साथ मुझे व्हाइटफील्ड स्थित श्री सत्य साँईं इंस्टीट्यूट ऑफ हायर लर्निंग की ओर से निमंत्रित किया गया। वहाँ दिन की शुरुआत सवेरे सात बजे प्रार्थना से होती और फिर काव्यात्मक शैली में व्याख्यान होता। व्याख्यान का विषय था—अपने अहम् का त्याग कर उसके स्थान पर प्यार का बीजारोपण कर किस प्रकार से हम अपने दिलों से नफ़रत का भाव दूर कर सकते हैं। जब साँईं बाबा ने अपने भक्तों के बीच विचरना शुरू किया तो लोगों की पीड़ा, तकलीफों तथा समस्याओं के मामले में उनकी उपस्थिति से हुआ चमत्कार स्पष्ट देखा जा सकता था।

जनवरी 2002 में मैंने व्हाइटफील्ड में चिकित्सा प्रौद्योगिकी तथा स्वास्थ्य रक्षा पर एक सम्मेलन में भाग लिया। सवेरे साढ़े नौ बजे शुरू हुआ सम्मेलन रात आठ बजे तक चलता रहा और इस दौरान पूरे समय श्री सत्य साँईं बाबा वहाँ मौजूद रहे। उन्होंने सभी प्रस्तुतियों को आशीर्वाद दिया। जब मैंने अपने विषय 'प्रौद्योगिकी के माध्यम से मानव जीवन में बदलाव', इसका उदाहरण मेरे और डॉ. सोमराजू द्वारा बनाया गया कार्डियाक स्टेंट था, पर पाँच मिनट की प्रस्तुति दी तो उन्होंने अपने आसन से खड़े होकर मुझे आशीर्वाद दिया। यह देखकर सम्मेलन में भाग लेने आए सभी लोग खुशी से गद्गद हो गए।

मैं सम्मेलन में उनकी दिलचस्पी देखकर अभिभूत हो उठा, इससे पहले मैं व्हाइटफील्ड के विशेष सुविधा युक्त अस्पताल को देखकर भी प्रभावित हुआ था। उन्हें बताया गया था कि चेन्नई में पानी का संकट है। इसलिए जब उन्होंने घोषणा की कि वे सुनिश्चित करेंगे कि शहर में पानी का संकट न रहे तो लोग खुशी से झूम उठे।

3 फरवरी, 2002 को जब मैं माउंट आबू स्थित ब्रह्मकुमारी आध्यात्मिक केंद्र में गया तो मुझे वहाँ असाधारण आध्यात्मिक अनुभव प्राप्त हुआ। ऐसा बताया गया कि ब्रह्मकुमारियों के ईश देवता शिव बाबा की एक शिष्या दाधी गुर्जर पर आए हैं। हमारे देखते-ही-देखते दाधी का पूरा व्यक्तित्व बदल गया। उनका चेहरा दमकने लगा, आवाज में भारीपन आ गया और वह चार खजानों—ज्ञान, योग, गुण तथा सेवा के बारे में बताने लगीं। उन्होंने हम सभी को आशीर्वाद दिया और कहने लगीं, 'भारत देश इस पृथ्वी पर सबसे अधिक सुंदर भूमि बनेगा।'

ब्रह्मकुमारी अकादमी द्वारा संचालित और डॉ. प्रताप मिट्ठा की अध्यक्षता में कार्यरत ग्लोबल अस्पताल तथा अनुसंधान केंद्र में 'कोरोनरी आर्टरी डिजीज' (सी.ए.डी.) नामक बीमारी से ग्रस्त मरीजों, जिन्हें यहाँ 'दिलवाला' पुकारा जाता है, के साथ बातचीत के क्रम में यह एक बार फिर स्पष्ट हो गया कि मस्तिष्क और शरीर का मेल शारीरिक, मानसिक तथा आध्यात्मिक स्वास्थ्य के लिए महत्त्वपूर्ण है। मेरे मित्र डॉ. सेल्वामूर्ति ने वर्षों तक क्लीनिक में कार्य करने के बाद यह निष्कर्ष निकाला कि योग और ध्यान काफी हद तक पीड़ा को कम करते हैं। रक्षा मंत्री के वैज्ञानिक सलाहकार के पद पर कार्य करते हुए

मैंने रक्षा शरीर क्रिया एवं संबद्ध विज्ञान संस्थान (डीपास) के माध्यम से कुछ अनुभवों को शुरू किया, जिसमें मस्तिष्क से इलाज करना शामिल था। डॉ. प्रताप मिट्ठा और डॉ. सेल्वामूर्ति ने मिलकर हृदय रोगियों के लिए इलाज का एक नायाब तरीका ढूँढ़ निकाला। दो साल पहले मैंने जब इस परियोजना की समीक्षा की तो पाया कि करीब साठ मरीजों ने खुद में पहले से सुधार महसूस किया है। अब इसके नतीजों में और भी सुधार हुआ है और लगभग चार सौ मरीजों ने स्वीकार किया है कि उन्हें फायदा मिला है। इस इलाज में तनाव प्रबंधन के लिए राजयोग ध्यान के जरिए जीवन-शैली में हस्तक्षेप, कम वसा युक्त और अधिक रेशेदार भोजन ताकि उच्च-लिपिडिमिया की संभावना को कम किया जा सके, नियमित एरोबिक अभ्यास और सैर के जरिए हृदय की धमनियों की कार्यकुशलता में सुधार लाने की कोशिश की जाती है। मुझे उम्मीद है कि चिकित्सकीय इलाज के अंतर्गत शरीर के ही नहीं बल्कि मन की शांति पर भी जोर दिया जाएगा।

माउंट आबू में ब्रह्मकुमारी आध्यात्मिक अकादमी में मेरी पिछली यात्रा के दौरान भगिनी उषा ने मुझे उन तीस ब्रह्मकुमारियों के साथ मिलने-जुलने को कहा जो हाल ही में संगठन में शामिल हुए थे। उत्साह से भरे उन चहकते चेहरेवाले सदस्यों से मिलना सुखद रहा। रात्रि भोजन के बाद जब मैंने एक-एक कर उनसे उनके जीवन के मिशन के बारे में पूछा तो सभी का एक ही जवाब था—अध्यात्म के माध्यम से लोगों की सेवा करना। डॉ. सेल्वामूर्ति और मैं अवयार द्वारा एक हजार साल पहले तमिल में लिखी इस कविता को गुनगुनाते हुए भावुक हो उठे—

मानव जीवन प्राप्त करना दुर्लभ है
और भी दुर्लभ है बिना किसी विकृति के जन्म लेना
यदि आप विकृत नहीं भी हैं
तो ज्ञान तथा शिक्षा को पाना दुर्लभ है
और जब कोई शिक्षा तथा ज्ञान प्राप्त कर भी लेता है
तो प्रार्थना और तप करना दुर्लभ होता है।
पर जो पूजा-पाठ और तप करता है
स्वर्ग के द्वार उसके स्वागत में स्वतः खुल जाते हैं।

मैंने ब्रह्मकुमारियों को बताया कि किस प्रकार थुंबा में पादरी ने चर्च की जमीन को अंतरिक्ष अनुसंधान स्टेशन (इस पुस्तक के अध्याय 3 में वर्णित) के लिए सौंप दिया। इस कहानी में क्या निष्कर्ष निकाला जा सकता है? मैंने उनसे पूछा। ब्रह्मकुमारियों ने कहा कि हमारी सभ्यता समृद्ध है जो हमें सोचने, सौहार्दता से जीवन जीने और बेहतर समझ रखने के लिए प्रेरित करती है। इतने महान् देश और लोगों के बावजूद सांप्रदायिक टकराव क्यों होता है? मेरा विचार है कि जब किसी राष्ट्र की अपनी कोई परिकल्पना नहीं होती तो संकीर्ण मानसिकता उसपर हावी हो जाती है।

विज्ञान तथा प्रौद्योगिकी के लाभ को जनता तक पहुँचाने के लिए विज्ञान और आध्यात्मिकता का मेल आवश्यक है। महर्षि अरविंद ने सन् 1911 में 'सॉन्ग ऑफ ह्यूमैनिटी' में लिखा था, 'एक समय ऐसा आएगा जब भारतीय मेधा उस अंधकार को झिंझोड़कर दूर फेंक देगी जो उसपर छाया है, दूसरे या तीसरे स्थान पर अपनी राय देने की बजाय वे अपनी संस्कृति और परंपरा के संदर्भ में पूर्ण आजादी के साथ निर्णय करने या पता लगाने के अपने अधिकारों पर जोर देगी।'

गरीबी के चंगुल से खुद को निजात दिलाने के लिए हमें इसी भविष्य को प्राप्त करने की दिशा में काम करना होगा।

मैं जितने भी स्थलों में गया सभी का एक ही संदेश मेरी समझ में आया—आपके भीतर आपका एक उच्च धरातल है जो भौतिक संसार की सीमाओं से परे है। इस उच्च धरातल की मौजूदगी का एहसास मुझे अपने पिता में हुआ था।

इतने वर्षों में मैंने हर तरह की परिस्थिति में धैर्य बनाए रखना सीखा है। मुझे असफलताएँ और निराशा हाथ लगीं, लेकिन मैंने खुद को पराजित नहीं महसूस किया। मैं अपने शेष जीवन में स्वयं के तथा दूसरों के साथ शांतिपूर्वक रहना चाहता हूँ। दूसरों के साथ झगड़ने की मेरी कतई इच्छा नहीं है।

अपनी सीमाओं को पार करने की प्रक्रिया के दौरान व्यक्ति के सामने यही चुनौती होती है। इस प्रसंग में मैं पवित्र कुरान की एक सूरा दोहराना चाहूँगा—

ऐ पैगंबर, तुम लोगों के बीच ऐलान करते हो,
उन लोगों के बीच जो तुम्हारी नसीहतों को नहीं मानते,
'तुम जो पूजते हो, मैं नहीं पूजता,
और जिसे मैं पूजता हूँ, उसे तुम नहीं पूजते;
... ...

तुम्हारे कर्मों का फल तुम्हारे साथ है,
मेरे कर्मों के नतीजे मेरे हैं।'

हम क्या हैं या हम किस बात पर विश्वास करते हैं वह सब सिर्फ हमारे साथ है। जब हमें एक बार उसपर विश्वास हो जाएगा जिसने हमें बनाया है तो हमें उस सत्ता पर भी भरोसा होगा जिसने हमें जीवन दिया है।

भारतीय इस उच्च धरातल की अवधारणा से भलीभाँति परिचित हैं। कई पीढ़ियों तक हमारे पूर्वज इसी अवधारणा को लेकर जीवन बिताते आए हैं। लेकिन आज कइयों के लिए, जो भौतिक संसार में काफी गहराई से रम चुके हैं, यह विचार बहुत महान् और आध्यात्मिक है। मेरे लिए तो यह मेरे उस जीवन का आधार रहा है जिसे मैं जीता हूँ।

एक दफा मैं अपने मित्र वाई.एस. राजन के साथ बंगलौर जा रहा था। मैंने उनसे कहा कि मैं युवाओं के साथ बातचीत करनेवाला हूँ, क्या उन्हें कुछ सुझाव देने हैं। राजन ने सुझाव तो नहीं दिए, लेकिन ज्ञान की कुछ बातें बताईं।

'आप जब भी बोलें, सच बोलें; वादा करें तो उसे निभाएँ; अपने विश्वास का कर्तव्य निभाएँ...हमला करनेवाले अपने हाथों को रोकें और कुछ भी ऐसा न करने दें जो गैर-कानूनी है और गलत है...

'कौन से कर्म सबसे ज्यादा उत्कृष्ट होते हैं? किसी इनसान के दिल को सुकून देना, भूखे को भोजन कराना, परेशान की मदद करना, दु:खी के दु:ख को हलका करना और सताए हुए के कष्ट दूर करना...

'ईश्वर की हर कृति उसका परिवार है; और वही ईश्वर को सबसे प्रिय होता है जो ईश्वर की संतानों का सबसे ज्यादा भला करता है।' जबकि ये पैगंबर मोहम्मद की नसीहतें हैं। राजन तमिलनाडु के एक दीक्षिदार के पड़पोते और गणपाठीगल (वैदिक ज्ञानी) हैं।

ऐसा दृष्टिकोण केवल हमारे देश में ही संभव है। 'ऋग्वेद' को याद करें; जिसमें लिखा है—'आनो भद्र कृत्वा येन्तु विश्वात्मा।' अर्थात् 'श्रेष्ठ विचार हर दिशा से अपने भीतर आने दो।'

मुझे अपने परिवार में घटी एक घटना याद आ रही है। मेरे दादा और परदादा को रामेश्वरम् में अबलकरर—श्रेष्ठ नेता—कहकर सम्मान दिया जाता था। इस द्वीप को इस रूप में जाना जाता है कि भगवान् श्रीराम ने यहीं से रावण के विरुद्ध अपना अभियान शुरू किया था। इस द्वीप में, श्रीराम-सीता के साथ विवाह की रस्म को मनाकर इस घटना को याद किया जाता है। पवित्र जलराशि रामर थीरम पर सजे हुए विग्रहों को तैराने के लिए मेरे परदादा तैरनेवाले तख्ते उपलब्ध कराया करते थे। यह जलस्रोत काफी गहरा है। इसके केंद्र में बने मंडप की परिक्रमा वे विग्रह किया करते हैं जिनमें श्रीराम के स्वर्णाभूषणों समेत और भी भारी सजावट की जाती है। इस मौके पर पूरे रामेश्वरम् की जनता वहाँ इकट्ठी होती है।

एक साल मेरे परदादा इस आयोजन को देख रहे थे कि एक दुर्घटना हो गई। विग्रह उलटकर पानी में गिर गया और डूब गया। बिना किसी संकोच के या सोचे वे पानी में कूद पड़े और विग्रह को निकालकर ले आए। वहाँ जमा लोग यह सब देखते रहे। मंदिर के पुजारी ने हमारे परिवार के लिए सम्मान के तौर पर 'मुथल मरियथई' (प्रथम सम्मान) की घोषणा की। विग्रह मिल जाने का शुक्रिया अदा करने तथा हमारे परिवार को सम्मान मिलने के उपलक्ष्य में रामेश्वरम् मसजिद में खास प्रार्थना आयोजित की गई।

मैंने इस घटना को हमेशा ही भाईचारे और सौहार्द की मिसाल के रूप में देखा है, जो आज के संदर्भ में खास महत्त्व रखती है। हम सब जहाँ कहीं भी हों, क्या वहाँ भाईचारे की ऐसी ही भावना विकसित करने में योगदान नहीं दे सकते?

15 अगस्त, 1947 को मेरे हाई स्कूल के अध्यापक रेवरेंड इय्यादुरई सोलोमन मुझे पं. नेहरू के आधी रात को दिए भाषण को सुनाने अपने साथ ले गए। हम सभी यह सुनकर झूम गए कि हम आजाद हो गए हैं। अगले दिन के अखबारों में यह खबर पताका शीर्षकों से छपी थी। तमिल के जिस अखबार में मैंने यह खबर पढ़ी उसके बराबर में एक और खबर भी थी, जो

आज तक मेरी स्मृति में कैद है। यह खबर थी कि महात्मा गांधी नोआखली में नंगे पैर घूमकर दंगा प्रभावित परिवारों की तकलीफों का अंदाजा लगा रहे हैं। हालाँकि राष्ट्रपिता होने के नाते उन्हें लालकिला की प्राचीर पर तिरंगा फहराना चाहिए था, लेकिन इसकी बजाय वे नोआखली में थे। यह थी महात्मा की महानता और इसने एक युवा स्कूली छात्र के मस्तिष्क पर कितना जबरदस्त प्रभाव छोड़ा था।

युवाओं की धड़कन को महसूसने और बड़ों की समझ विकसित कर लेने के बाद मैंने प्रौद्योगिकी से जुड़ी उन परियोजनाओं के बारे में अपने अनुभवों पर गहराई से विचार किया जहाँ लोग नई समस्याओं से जूझ रहे थे और जिनसे निबटने के लिए असाधारण प्रयासों की जरूरत थी। संकट की घड़ी में वह क्या है जो सफलता दिलाता है ? हमने स्वप्न देखने के महत्त्व पर बात की है, संकल्पशक्ति, कड़ी मेहनत तथा मुश्किलों और असफलताओं के दौर में आध्यात्मिक मजबूती के महत्त्व पर विचार किया है। क्या सर्जन के चक्र में कुछ नदारद है ?

सार

हमारी आध्यात्मिक समझ ही हमारी ताकत है। एक राष्ट्र के तौर पर हमने हमलावरों की मार-काट और उपनिवेशवाद के संहार को झेला है। हम अपने समाज में दरारों और विभाजनों के साथ सामंजस्य बैठाना सीख गए हैं। लेकिन इस प्रक्रिया के दौरान हमने अपने लक्ष्यों और अपेक्षाओं का कद कम किया है। हमें अपने विशाल दृष्टिकोण को दोबारा प्राप्त करना होगा तथा अपनी विरासत और समझ में अपने जीवन को समृद्ध बनाना होगा। प्रौद्योगिकी के क्षेत्र से उन्नति करने का अर्थ यह नहीं है कि हम आध्यात्मिक विकास को रोक दें। हमें अपनी आंतरिक ताकत के आधार पर विकास का अपना मॉडल इसी भूमि पर तैयार करना होगा।

□

राजनीति तथा धर्म से परे देशभक्ति

"मुझे मुक्त हो ऊँचे आकाश में प्रतिष्ठित होने की परवाह नहीं है, मैं हजारों-हजार नरक भी भोग सकता हूँ, पर 'दूसरों की भलाई का काम अनवरत एक गिरते झरने की तरह करता रहूँगा, यही मेरा धर्म है।"

—स्वामी विवेकानंद

पैदल चलना मेरे जीवन का अहम हिस्सा रहा है। मैं जहाँ कहीं भी जाता हूँ इस बात की कोशिश जरूर करता हूँ कि सवेरे पाँच किलोमीटर की सैर करूँ। मैं विशेष रूप से सूर्योदय का सौंदर्य, सूर्य के उदय होने से ठीक पहले की लालिमा को देखने के लिए उत्साहित रहता हूँ और मेरे कान उन आवाजों को सुनने के अभ्यस्त हो चले हैं जो इस ग्रह पर नए दिन का स्वागत करती प्रतीत होती हैं। मैं जितनी बार भी इस घटना को देखता हूँ—ठंडी हवा, पक्षियों का चहचहाना और सूरज उगना—तो यह सोचकर ठगा सा रह जाता हूँ कि इन सभी को एक साथ संभव बनाने के लिए प्रकृति ने कितने प्रयास किए होंगे और तब मैं ईश्वर का धन्यवाद करता हूँ।

मेरा सौभाग्य है कि अपने काम के सिलसिले में मुझे ऐसी कई खूबसूरत जगहों पर जाने का मौका मिला जिन्होंने मुझे ब्रह्मांडीय वास्तविकता से रू-ब-रू किया। ऐसी ही एक जगह है उड़ीसा में चंडीपुर।

कोलकाता से बालासुर तक की दूरी दो सौ चौंतीस किलोमीटर है और उस शहर से सोलह किलोमीटर दूर स्थित है चंडीपुर। इसका अर्थ है देवी

चंडी यानी दुर्गा का निवास। यहाँ का समुद्रतट निश्चित रूप से भारत के सुंदरतम तटों में से एक है। जब समुद्र की लहरें नीची होती हैं यानी भाटे की स्थिति होती है तो अपनी संगीतमय गति से यहाँ लहरें तीन किलोमीटर पीछे तक लौट जाती हैं।

इस एकांत समुद्रतट पर खड़े इमली के पेड़ों की सरसराहट और ठंडी बहती हवा अद्‌भुत सन्नाटा बुनती है। मैं इस तट पर पैदल चलते हुए सुवर्ण रेखा नदी के मुहाने तक जाता था। नदी का अथाह विस्तार और इसकी मुग्ध करती जलराशि किसी मायाजाल से कम प्रतीत नहीं होती है। मैंने वहाँ सचमुच स्वर्गिक आनंद का अनुभव किया है।

हमें भारतीय अंतरिक्ष अनुसंधान संगठन (इसरो) के श्रीहरिकोटा परीक्षण स्थल से अलग अपने खुद के परीक्षण स्थल की आवश्यकता थी। सन् 1989 में अंतरिम परीक्षण स्थल (आईटीआर) तैयार किया गया, जहाँ से प्रक्षेपास्त्रों को प्रक्षेपित किया जाता। यहाँ से बहु-उद्‌देशीय त्रिशूल, एक साथ कई ठिकानों पर मार करने की क्षमतावाली आकाश, टैंक रोधी नाग, जमीन से जमीन पर मार करनेवाली पृथ्वी, लंबी दूरी की अग्नि समेत विभिन्न श्रेणियों की मिसाइलों का प्रक्षेपण किया गया है। सुपरसॉनिक क्रूज मिसाइल विकसित करने के लिए स्थापित भारत-रूस के संयुक्त उपक्रम ब्रह्मॉस का भी इस परीक्षण स्थल से ही परीक्षण किया गया था। आईटीआर से मल्टी बैरट रॉकेट लांचर 'पिनाका' तथा चालक रहित यान 'लक्ष्य' सरीखे अभियानों का भी परीक्षण किया जा चुका है।

आईटीआर को अत्याधुनिक उपकरणों से सुसज्जित कर हवा में मार करनेवाले हथियारों तथा प्रणालियों के परीक्षण के योग्य बनाया गया है। मुख्य जोर जिन क्षेत्रों पर दिया जाता है, वे हैं—लंबी दूरी की मारक क्षमतावाले प्रक्षेपास्त्र, हलके लड़ाकू विमानों (एलसीए) द्वारा इस्तेमाल किए जानेवाली शस्त्र प्रणालियाँ, कई ठिकानों पर मार करने की क्षमतावाली शस्त्र प्रणालियाँ और अत्यधिक तेज रफ्तारवाले प्रक्षेपास्त्र।

अंतरिम परीक्षण केंद्र (आईटीआर) समुद्रतट पर सत्रह किलोमीटर तक के क्षेत्र में स्थापित है तथा परीक्षण किए जानेवाले यान के उड़ान के मार्ग में निगरानी तंत्र लगाया गया है। यहाँ सचल तथा इलेक्ट्रो-ऑप्टिकल निगरानी

प्रणाली, सचल एस-बैंड ट्रैकिंग राडार, स्थिर सी-बैंड ट्रैकिंग राडार, स्थिर तथा सचल टेलीमीट्री प्रणाली, मौसम प्रणाली और रेंज सुरक्षा प्रणाली की व्यवस्था की गई। प्रक्षेपण के समय सुरक्षा संबंधी फैसलों की सहायता के लिए एक विशेषज्ञ प्रणाली भी विकसित की गई है। आईटीआर धीरे-धीरे, मगर निश्चित रूप से विश्व स्तरीय परीक्षण केंद्र बनता गया।

जुलाई 1995 की गरम और उमस भरी एक आधी रात की बात है। हम पृथ्वी की लगातार चौथी सफल उड़ान के नतीजों पर चर्चा कर रहे थे। लोगों के चेहरों पर सफलता की खुशी थी। जश्न का माहौल था। बारह सौ लोगों की टीम का प्रतिनिधित्व करनेवाले हम करीब तीस व्यक्ति, जो वहाँ मौजूद थे, की जबान पर बस एक ही सवाल था—अब इसके बाद क्या? तोपखाने के महानिदेशक लेफ्टीनेंट जनरल रमेश खोसला ने सुझाव दिया कि सेना को जमीन पर एक सौ पचास मीटर के दायरे में लक्ष्य पर सटीक मार करनेवाली परीक्षण उड़ान की आवश्यकता है। तकनीकी शब्दावली में इसे सर्कुलर एरर प्रोबेबिलिटी (सी.ई.पी.) कहा जाता है।

हमने पूर्वी भारत के भौतिक नक्शों को देखा। एक नक्शे पर आईटीआर के सत्तर से अस्सी किलोमीटर के दायरे में पाँच छोटे बिंदु दिखाई दे रहे थे। यह व्हीलर द्वीप समूह था। हम कुछ स्वाभाविक कारणों से राजस्थान के रेगिस्तान में नहीं जा सकते थे। अंदमान और निकोबार द्वीप समूह काफी दूर थे। हमने तय किया कि मिसाइल के प्रभाव के परीक्षण के लिए व्हीलर द्वीप ही सही जगह है। उस क्षेत्र के सर्वेक्षण के लिए एक हेलिकॉप्टर का इस्तेमाल किया गया। किसी ने सुझाव दिया कि इन द्वीपों तक मार्गदर्शन के लिए मछुआरों की मदद लेनी चाहिए।

मेरे दो सहयोगी सारस्वत तथा सलवान कार में धामरा नामक जगह तक गए। वहाँ से उन्होंने दो सौ पचास रुपए में किराए पर एक दिन के लिए एक नाव ली। जब वे द्वीप तक पहुँचे तो अँधेरा घिर आया था। सलवान रास्ते में खाने के लिए अपने साथ कुछ फल ले गए थे, जो उन दोनों ने रात के भोजन के तौर पर खाए। द्वीप पर रुकने के सिवाय और कोई विकल्प नहीं था। रात का सौंदर्य देखते ही बनता था, लेकिन चूँकि मेरे दोस्त न तो समुद्र से परिचित थे और न ही यों एकाकी द्वीप पर रहने का उन्हें अनुभव था,

इसलिए उन्होंने डरते-डरते रात काटी; यह अलग बात है कि उन्होंने इसे कभी स्वीकार नहीं किया और यही कहते रहे कि उन्हें आनंद आया। अगले दिन तड़के ही उन्होंने तीन किलोमीटर लंबे और आठ सौ मीटर चौड़े उस द्वीप के सर्वेक्षण का काम शुरू कर दिया। उन्हें यह देखकर हैरानी हुई कि द्वीप के पूर्वी सिरे पर एक पेड़ पर बँगलादेशी झंडा फहरा रहा था। शायद उस द्वीप पर पड़ोसी देश के मछुआरे आते-जाते रहे होंगे। मेरे दोस्तों ने तुरंत ही वह झंडा वहाँ से उतार दिया।

अब तक काम में तेजी आ गई थी। वन एवं पर्यावरण विभाग के अधिकारियों समेत जिला प्रशासन के प्रतिनिधियों ने भी द्वीप से दौरा किया। जल्द ही मुझे उस द्वीप के अधिग्रहण के लिए रक्षा मंत्री की मंजूरी मिल गई। उड़ीसा सरकार तथा वन विभाग के साथ मिलकर भूमि हस्तांतरण की औपचारिकता पूरी कर ली गई। मैं स्वयं संबंधित अधिकारी से व्यक्तिगत रूप से मिला, ताकि फाइल को मुख्यमंत्री तक पहुँचाया जा सके। मैंने मुख्यमंत्री को पत्र लिखकर विस्तार से सारी बात समझाई कि हमें डीआरडीओ के प्रयोगों के लिए परीक्षण स्थल के तौर पर इन द्वीपों की जरूरत है।

औपचारिक रूप से आवेदन करने से पहले ही हम पूरी तैयारी कर चुके थे। आस-पास के क्षेत्र में मत्स्य गतिविधियों, कछुओं के प्रवास को होनेवाली क्षति तथा द्वीपों की कीमतों से संबंधित अपेक्षित प्रश्न उभरे। दस दिन के भीतर ही हमें मुख्यमंत्री के साथ बैठक का समय मिल गया। मैंने मुख्यमंत्री बीजू पटनायक के बारे में काफी कुछ सुन रखा था, खासकर उनके पायलट जीवन के दिनों और राष्ट्रपति श्री सुकर्ण के साथ उनकी दोस्ती के बारे में। मेजर जनरल के.एन. सिंह तथा सलवान के साथ जब मैं मुख्यमंत्री के कक्ष में पहुँचा तो उन्होंने गर्मजोशी से हमारा स्वागत किया। मुझसे मुखातिब होकर वे बोले, 'मेरे दोस्त कलाम! डॉ. साराभाई के समय से लेकर अब तक मैं आपके काम को देखता आया हूँ। आप कुछ भी माँगे, मैं दूँगा।' मेरे सामने ही उन्होंने उड़ीसा सरकार के उस निर्णय पर हस्ताक्षर किए जिसके अनुसार वे चारों द्वीप डीआरडीओ को सौंप दिए गए और फिर वे बोले, 'मैंने उस बात की मंजूरी दे दी है जो आपने माँगी थी। मुझे विश्वास है, अब आप इसका इस्तेमाल कर पाएँगे। आपका अभियान—यह प्रक्षेपास्त्र कार्यक्रम देश के

लिए बहुत महत्त्वपूर्ण है। उड़ीसा से जो कुछ भी आप चाहेंगे वह आपको अवश्य मिलेगा।' फिर अचानक ही भरपूर अधिकार के साथ उन्होंने मुझसे कहा, 'आपको मुझे एक वादा और देश को आश्वासन देना होगा। जिस दिन भारत अपना स्वयं का आई.सी.बी.एम. तैयार कर लेगा उस दिन मैं अपने आपको अधिक ताकतवर भारतीय मान लूँगा।' कमरे में चुप्पी छा गई। मुझे तुरंत जवाब देना था। बीजू पटनायक दरअसल, जबरदस्त व्यक्तित्ववाले ऐसे प्रभावशाली नेता थे जिनका देशप्रेम राजनीति के दायरे को भी लाँघ गया था। मैंने उनकी आँखों से आँखें मिलाते हुए कहा, 'सर, हम आपके इस अभियान के लिए काम करेंगे। मैं आपके विचारों पर दिल्ली में चर्चा करूँगा।'

लगभग चालीस वर्ष पहले हिम्मती 'बिजोयदा बीजू' पटनायक अपने कलिंग एयरवेज के जहाज को स्वयं उड़ाकर जकार्ता ले गए थे, जहाँ छापामार युद्ध लड़ रहे सुकर्ण हाल ही में पिता बने थे। सुकर्ण की पत्नी ने एक बेटी को जन्म दिया था।

सम्मान एवं प्रेम से भावाविभूत सुकर्ण ने अपनी बेटी का नाम रखने का अनुरोध अपने दोस्त से किया। बीजू दा ने उन बादलों को देखा, जो मानो बच्ची के जन्म पर बधाई देने के लिए घिर आए थे। सो सुकर्ण की बेटी का नाम 'मेघावती' रखा गया और इस तरह दुनिया में सबसे अधिक मुसलिम आबादीवाले देश के नेता की बेटी का हिंदू नाम पड़ा। महान् लोगों के लिए धर्म दोस्ती कायम करने का एक तरीका है, जबकि छोटे लोग इसे ही झगड़े का हथियार बना डालते हैं।

कई साल बाद, भारी राजनीतिक उठा-पटक के पश्चात् सुकर्णपुत्री मेघावती इंडोनेशिया की उपराष्ट्रपति और फिर राष्ट्रपति बन गईं।

हमें अफसोस जताना चाहिए उन राजनीतिज्ञों के न रहने का, जिनके पास बुलंद आवाज, दृष्टि और वह पहुँच थी जो हमारी सीमाओं से पार तक जाती थी। हमें एक देश विशेष के प्रति अपने ही देश द्वारा प्रायोजित, असामान्य और भ्रामक दृष्टिकोण पर भी लानत भेजनी चाहिए कि उसने उस तीसरी दुनिया समेत, जिसके हाल तक हम प्रमुख हुआ करते थे, हमें शेष दुनिया की तरफ से भी आँखें फेरने को मजबूर किया है। और जरा इसपर भी आँसू बहा लें कि राष्ट्रों की इस खींचतान ने हमें कहाँ लाकर पटका है। एक अरब की

आबादीवाला भारत, जिसमें उद्योग फल-फूल रहे हैं और वैज्ञानिक प्रतिभाओं का अंबार है, और इन सबसे बढ़कर जो परमाणु शक्ति भी है, उस देश का आज वह रुतबा नहीं है जो होना चाहिए। अंतरराष्ट्रीय घटनाओं पर हमारे प्रभाव को देखें तो कोई भी अन्य देश अपनी क्षमता के लिहाज से इतना नीचे दिखाई नहीं देगा जितने कि हम हैं।

पोखरण परमाणु परीक्षणों के बाद पश्चिमी देश भारत तथा पाकिस्तान के बारे में एक ही स्वर में बात करते हैं। क्या यह हमारे राष्ट्रीय हित में नहीं होगा कि हम दुनिया को दिखला दें कि हम पाकिस्तान से आगे जाकर भी सोच सकते हैं, यह कि हम बेहतर हैं, अधिक प्रौढ़ समझ रखते हैं और हमारा ऐसा धर्मनिरपेक्ष देश है जिसकी लोकतंत्र तथा आजादी के प्रति कहीं अधिक प्रतिबद्धता है?

मार्च 2002 में मैं अन्ना विश्वविद्यालय में इंजीनियरिंग के अंतिम वर्ष के करीब दो सौ छात्रों को पढ़ा रहा था और 'प्रौद्योगिकी तथा उनके विविध आयाम' विषय पर मैंने दस व्याख्यानों की श्रृंखला तैयार की थी। व्याख्यान के अंतिम दिन दोहरे प्रयोगवाली प्रौद्योगिकी पर चर्चा चल रही थी। छात्रों ने सवाल किया—

'सर, मैंने हाल में डॉ. अमर्त्य सेन का एक बयान पढ़ा है, जिसके अनुसार, मई 1998 में भारत द्वारा परमाणु परीक्षण करने का फैसला सही नहीं था। डॉ. सेन महान् अर्थशास्त्री और नोबेल पुरस्कार विजेता हैं तथा विकास संबंधी उनके विचारों को काफी तरजीह भी दी जाती है। ऐसे व्यक्ति के बयान को नजरअंदाज नहीं किया जा सकता। इस बारे में आपका क्या विचार है?'

'मैं आर्थिक विकास के क्षेत्र में उनकी महानता का लोहा मानता हूँ और उनके सुझावों, मसलन प्राथमिक शिक्षा पर जोर दिया जाए वगैरह का भी स्वागत करता हूँ,' मैंने कहा, 'लेकिन साथ ही मुझे यह भी लगता है कि डॉ. सेन शायद भारत को पश्चिम के नजरिए से देखते हैं। उनका विचार है कि आर्थिक समृद्धि के लिए भारत के सभी देशों के साथ मैत्रीपूर्ण संबंध होने चाहिए। मैं इससे सहमत हूँ, लेकिन हमें भारत के अतीत के अनुभव को भी ध्यान में रखना होगा। पंडित नेहरू ने संयुक्त राष्ट्र में परमाणु प्रचार के विरोध

में भाषण दिया था और किसी भी देश के पास परमाणु हथियारों के न होने की वकालत की थी। लेकिन नतीजा क्या रहा यह हम सभी जानते हैं। हमें यह पता होना चाहिए कि अमेरिकी धरती पर दस हजार से अधिक परमाणु प्रक्षेपास्त्र हैं, रूस के पास भी दस हजार परमाणु प्रक्षेपास्त्र मौजूद हैं और इंग्लैंड, चीन, फ्रांस, पाकिस्तान तथा अन्य देशों के पास भी ये भारी संख्या में हैं। स्टार्ट-II तथा अमेरिकी और रूस के बीच हाल में हुए अन्य समझौतों के तहत इनकी संख्या घटाकर इनमें प्रत्येक के पास दो हजार प्रक्षेपास्त्र करने की है, लेकिन ये समझौते भी अभी लड़खड़ा रहे हैं। कोई भी इनकी संख्या में कमी करने की बात को गंभीरता से नहीं ले रहा है। जो लोग मई 1998 के परीक्षण का विरोध कर रहे हैं उन्हें अमेरिका, रूस या अन्य पश्चिमी देशों में परमाणु हथियारों का स्तर शून्य तक घटाने को लेकर आंदोलन करना चाहिए। यह याद रखना आवश्यक है कि हमारे दो पड़ोसी देश परमाणु हथियारों तथा प्रक्षेपास्त्रों से लैस हैं। क्या ऐसे में भारत मूकदर्शक बना रह सकता है?'

पिछले तीन हजार वर्षों में भारत पर एक-एक कर कई हमलावरों ने हमले किए, जिनमें इंग्लैंड, फ्रांस, डच और पुर्तगाल शामिल हैं; जो अपने प्रदेशों का विस्तार करने या धर्म का प्रचार-प्रसार करने अथवा हमारे देश की दौलत को लूटने के इरादे से यहाँ आए थे। भारत ने कभी अन्य देशों पर कोई हमला क्यों नहीं किया? क्या इसलिए कि हमारे राजा-महराजा बहादुर नहीं थे? सच यह है कि भारतीय सहिष्णु रहे हैं और उन्होंने कभी भी इस बात पर विचार नहीं किया कि सदियों तक दूसरों के शासन में रहने के क्या परिणाम हो सकते हैं। लेकिन लंबे संघर्ष के बाद जब हमें आजादी मिली और देश एक हुआ तथा उसकी भौतिक सीमाएँ भी स्पष्ट हो गईं, तो क्या सिर्फ आर्थिक समृद्धि को ही लक्ष्य मानकर रहना चाहिए? देश की ताकत को जताने का एकमात्र तरीका है उसकी रक्षा करने की क्षमता का होना। ताकत ही ताकत का सम्मान कर सकती है, न कि कमजोरी। ताकत का अर्थ है सैन्यबल और आर्थिक संपन्नता। संयुक्त राष्ट्र के फैसलों और नीतियों को वे लोग तय करते हैं जिनके पास परमाणु हथियार पहले से मौजूद हैं। ऐसा कैसे हुआ कि हमें अब तक भी सुरक्षा परिषद् की सदस्यता नहीं दी गई, जबकि अब कई देशों ने सदस्य बनने की सिफारिशें करनी शुरू कर दी हैं?

इस संबंध में मैं एक और घटना का जिक्र करना चाहूँगा। मेरे दोस्त एडमिरल एल. रामदास ने, जो नौसेना प्रमुख पद से सेवानिवृत्त हो चुके हैं, मुझसे कहा कि वे मई 1998 में किए गए परमाणु परीक्षण के विरोध में कुछ लोगों के साथ मिलकर संसद् के समक्ष प्रदर्शन करेंगे। मैंने उनसे कहा कि पहले उन्हें इन लोगों के साथ मिलकर व्हाइट हाउस और क्रेमलिन के सामने विरोध प्रदर्शन करने चाहिए, क्योंकि वहाँ भारी मात्रा में परमाणु प्रक्षेपास्त्र जमा हैं।

मैं लोगों से देश की महानता को वरण करने का आह्वान करता हूँ। सभी भारतीयों से मेरा आग्रह है कि वे अपनी अधिकतम क्षमता से बढ़-चढ़कर काम करें। वे कौन सी ताकतें हैं जो देशों को ऊँचा उठाती हैं या उनके पतन का कारण बनती हैं? और वे कौन से कारक हैं जो किसी देश को मजबूत बनाते हैं? किसी भी ताकतवर राष्ट्र में तीन विशेषताएँ होती हैं—अपनी उपलब्धियों के प्रति गर्व का भाव, एकता तथा संयुक्त रूप से कार्य करने की योग्यता।

अधिकतम स्तर तक उन्नति करने के लिए एक देश को चाहिए कि वह अपने नायकों तथा उनकी शौर्य-गाथाओं, साहसिक पराक्रमों और अतीत की विजयों की स्मृति को जीवंत बनाकर रखे। इंग्लैंडवासी ऊँचाइयों को इसलिए छू पाए क्योंकि उनके पास लॉर्ड नेल्सन और ड्यूक ऑफ वेलिंगटन जैसे प्रशंसनीय नायक थे। जापान अपने राष्ट्रीय गर्व को प्रदर्शित करनेवाला देश है। जापानी अपनी एकता, एक संस्कृति तथा अपनी अपमानजनक सैन्य पराजय को आर्थिक जीत में बदलने को लेकर काफी गर्व का अनुभव करते हैं।

जो भी देश महान् हुए हैं उसके पीछे मिशन की भावना रही है। जापानियों में यह भावना कूट-कूटकर भरी है। इसी प्रकार जर्मन भी यह भाव रखते हैं। तीन दशकों की अवधि में ही जर्मनी का दो बार विनाश हुआ; लेकिन इसके बावजूद उसकी जनता का जज्बा फीका नहीं पड़ा। दूसरे महायुद्ध की विभीषिका को झेलने के बाद वह ऐसा राष्ट्र बनकर उभरा जो आर्थिक दृष्टि से तो ताकतवर था ही राजनीतिक मोरचे पर भी उसने अपनी उपस्थिति दर्ज कराई। यदि जर्मनी एक महान् देश बन सकता है तो भारत भी क्यों नहीं महान् हो सकता?

भारत का दुर्भाग्य है कि ऐतिहासिक ताकतों ने उसके सभी समुदायों को एकसमान स्मृति नहीं सौंपी, जो उन्हें सदियों पीछे ले जाकर उनकी जड़ों की याद ताजा कराती है। पिछले पचास वर्षों में भी उस स्मृति को जीवंत बनाने के कोई खास प्रयास नहीं किए गए।

सौभाग्यवश मुझे अपने देश के विभिन्न धर्मों को जानने और उनके बारे में पढ़ने का बचपन से ही मौका मिला। हाई स्कूल में और उसके बाद भी मैंने कुल मिलाकर लगभग सत्रह वर्षों तक धर्म संबंधी शिक्षा पाई। मैंने पाया कि सभी धर्मों का केंद्रीय विषय मनुष्य को आध्यात्मिक रूप से स्वस्थ रखना है। हमें यह समझना होगा कि वास्तव में भारत में धर्मनिरपेक्षता की बुनियाद भी आध्यात्मिकता से ही तैयार हो सकती है।

चूँकि हमारी मिशन भावना कमजोर पड़ी है इसलिए हम अपनी संस्कृति और अपने प्रति सच्चे नहीं बने रह पाए हैं। यदि हम खुद को उन विभाजित लोगों की तरह देखेंगे जिनके मन में अपने अतीत के प्रति कोई गर्व का भाव नहीं है और भविष्य पर जिन्हें भरोसा नहीं है तो सिवाय खीझ, निराशा और अंधकार के हमारे हाथ क्या लगेगा?

भारत की संस्कृति अति प्राचीन है। यह इसलाम के यहाँ जड़ें जमाने से और ईसाई धर्म के प्रचार से भी बहुत पहले से मौजूद है। प्राचीन ईसाई समाज ने, मसलन, केरल के सीरियाई ईसाइयों ने, अपनी भारतीयता को दृढ़ता से बरकरार रखा है। क्या वे कम ईसाई हैं सिर्फ इस वजह से कि उन्होंने उन भारतीय महिलाओं के साथ विवाह किया जो मंगलसूत्र पहनती हैं या फिर उनके पुरुष केरल की शैली में धोती बाँधते हैं? ना तो केरल के मुख्यमंत्री ए.के. एंथनी विधर्मी हैं, क्योंकि वे और उनके लोग केरल की संस्कृति का हिस्सा हैं। और ना ही ईसाई होने भर से वे विदेशी हो गए। इसके विपरीत उनसे भारतीयता को एक नया आयाम मिला है। ए.आर. रहमान जब 'वंदे मातरम्' गाते हैं तो उनका स्वर हर भारतीय की आत्मा को झकझोर जाता है, चाहे वह किसी भी धर्म को माननेवाला क्यों न हो।

हमारी एकता की भावना और हमारे लक्ष्यों के प्रति हमारी लगन को सबसे ज्यादा खतरा उन विचारकों से है जो जनता को विभाजित करना चाहते हैं। भारतीय संविधान ने सभी नागरिकों को संपूर्ण बराबरी का हक दिया है।

अब चिंता का विषय यह है कि धार्मिक स्वरूप को धार्मिक भावनाओं पर लादने की कोशिश की जा रही है। हम अपनी विरासत के लिए धर्म की जगह सांस्कृतिक संदर्भ क्यों नहीं विकसित कर सकते, जो हम सभी को भारतीय बनाने के लिए कार्य करेगा। समय आ गया है कि हम भेदभाव करना बंद करें। हमें आज राष्ट्र के लिए ऐसी दृष्टि की जरूरत है जो एकता ला सके।

जब हम भारत को उसके गौरव के साथ उसके अतीत को आधार मानकर स्वीकार करेंगे तभी हम शांति और समृद्धि से भरपूर सभी के लिए एकसमान भविष्य की उम्मीद रख सकते हैं, जहाँ सर्जन होगा और संपन्नता होगी। हमारा अतीत हमेशा हमारे साथ है। इसे सँभालकर रखना है, न कि राजनीतिक उठापटक के चलते नष्ट कर देना है।

विकसित भारत शहरों का राष्ट्र नहीं होगा। वह समृद्ध गाँवों का एक तंत्र होगा, जो दूर-चिकित्सा (टेली मेडिसिन), दूर-शिक्षा (टेली एजुकेशन) और ई-कॉमर्स संपन्न होगा। जैव प्रौद्योगिकी, जैव विज्ञान तथा कृषि विज्ञान और औद्योगिक विकास से ही नए भारत का उदय होगा। राजनीतिक नेता इस उत्साही भावना को लेकर काम करेंगे कि राष्ट्र का स्थान व्यक्तिगत हितों और राजनीतिक पार्टियों से ऊपर है। यह दृष्टिकोण ग्रामीण-शहरी विभेद को कम-से-कम करेगा, क्योंकि देहातों में भी प्रगति होगी और शहरी आबादी प्रकृति के बेहतरीन उत्पाद को संपदा का लाभ उठाने के लिए ग्रामीण इलाकों में प्रवास करेगी।

हमारे नेतृत्व के समक्ष सबसे आवश्यक और महत्त्वपूर्ण चुनौती रचनात्मक बदलाव लाने की सभी ताकतों को एकजुट करने और उन्हें अभियान के लिए प्रेरित करने की है। भारत एक अरब की आबादीवाला विविध धर्मों और समुदायों का देश है। यहाँ भौगोलिक विविधता के साथ-साथ व्यापक स्तर पर वैचारिक विभिन्नता भी है। यह हमारी सबसे बड़ी ताकत है। दरअसल, खंडित सोच, खाँचाबद्ध योजनाएँ और अलग-अलग किए गए प्रयासों के कुछ विशेष परिणाम नहीं निकलेंगे। समरस भारत के निर्माण के लिए लोगों को एक साथ आना होगा।

विकसित भारत की दूसरी परिकल्पना ही यहाँ पुनर्जागरण लाएगी।

शक्तिशाली भारत के निर्माण का दायित्व दूरदृष्टि संपन्न राजनीतिक नेतृत्व के हाथों में है।

सार

असफलताओं के बीच ही सफलता की गाथाएँ जन्म लेती हैं। अफरातफरी के बादलों के बीच से ही उम्मीद की किरण दिखाई देती है और समस्याओं से ही आश्वासन भी मिलते हैं। तरह-तरह के धर्म और विचारों को समेटे हुए हम एक अरब लोग हैं। एक स्पष्ट राष्ट्रीय परिकल्पना के अभाव में देश का ताना-बाना उधड़ने लगता है जो हमें कमजोर बनाता है। इस ताने-बाने को मजबूत बनाने और हम सभी को एक राष्ट्रीय मंच पर जोड़ने की जरूरत है।

□

ज्ञानवान् समाज

"ज्ञान एक ऐसा हथियार है जो विनाश से बचाता है; यह ऐसा आंतरिक किला है जिसे दुश्मन भी नहीं भेद सकते।"

—तिरुक्कुरल, 421 (200 ई.पू.)

प्राचीन भारत एक ज्ञानवान् समाज था। कालांतर में हमलों और औपनिवेशिक शासन ने इसकी संस्थाओं को नष्ट कर दिया तथा इसकी योग्यता को चौपट कर डाला। इसकी जनता का अस्तित्व निचले स्तरों तक सिमटकर रह गया। जब अंग्रेजों ने भारत छोड़ा तब तक हमारे युवाओं ने अपने लक्ष्य धूल-धूसरित कर लिये थे और वे साधारण जीवन से ही संतुष्ट हो जाया करते थे। भारत मूलतः ज्ञान की भूमि है और उसे अपने इस पहलू की नए सिरे से खोज करनी चाहिए। एक बार यह खोज कर ली गई तो जीवन की गुणवत्ता तथा विकसित राष्ट्र की ताकत और संप्रभुता को प्राप्त करने के लिए ज्यादा संघर्ष नहीं करना पड़ेगा।

ज्ञान के कई रूप होते हैं और यह कई स्थानों पर उपलब्ध होता है। इसे शिक्षा, सूचना, बुद्धिमानी तथा अनुभव के जरिए प्राप्त किया जा सकता है। यह शैक्षिक संस्थानों में अध्यापकों के पास, पुस्तकालयों में, शोध पत्रों में, गोष्ठियों तथा विभिन्न संगठनों में और कार्यस्थलों में कर्मियों, प्रबंधकों, ड्राइंग, प्रक्रिया दस्तावेजों और यहाँ तक कि दुकानों तक में होता है। हालाँकि ज्ञान का शिक्षा से करीबी नाता है, लेकिन यह कलाकारों, दस्तकारों, हकीमों, वैद्यों, दार्शनिकों और संतों तथा यहाँ तक कि हमारी गृहिणियों के पास मौजूद

कौशलों से भी प्राप्त किया जा सकता है। ज्ञान इन सभी के प्रदर्शन तथा कार्य-उत्पादन में महत्त्वपूर्ण भूमिका निभाता है। हमारी विरासत और इतिहास, कर्मकांड, महाकांड और वे परंपराएँ, जो हमारी चेतना का हिस्सा हैं, ये सब दरअसल, पुस्तकालयों तथा विश्वविद्यालयों की ही तरह ज्ञान के विशाल स्रोत हैं। हमारे गाँवों में गैर-पुरातनपंथी और दुनियावी समझदारों की भरमार है। हमारे वातावरण में, महासागरों में, जैव-संरक्षण और रेगिस्तानों में तथा पेड़-पौधों और पशु-जीवन तक में ज्ञान भंडार छिपे हैं। हमारे देश के हर राज्य में ज्ञानवान् समाज के लिए उसकी अपनी अनूठी और अद्‌भुत क्षमता मौजूद है।

ज्ञान हमेशा से समृद्धि और ताकत का स्रोत रहा है। यही कारण है कि दुनिया भर में ज्ञान की प्राप्ति पर जोर दिया जाता रहा है। भारत में तो ज्ञान को आपस में बाँटने की संस्कृति रही है और इसके लिए गुरु-शिष्य परंपरा के अलावा पड़ोसी देशों से, नालंदा तथा ज्ञान के अन्य केंद्रों की ख्याति से प्रभावित होकर यहाँ आए यात्रियों के जरिए इसके प्रचार-प्रसार की भी परंपरा रही है। भारत कहीं-कहीं प्राकृतिक तथा प्रतिस्पर्धात्मक दृष्टि से कई मायने में लाभ की स्थिति में है; लेकिन ऐसे क्षेत्र अलग-थलग हैं और उनके बारे में पर्याप्त जागरूकता भी नहीं है। पिछली शताब्दी के दौरान यह विश्व मानव श्रम-आधारित कृषि-समाज न रहकर औद्योगिक समाज बन गया, जिसमें प्रौद्योगिकी, पूँजी तथा श्रम का प्रबंध ही प्रतिस्पर्धात्मक लाभ दिला सकता है। इक्कीसवीं शताब्दी में एक नए समाज का उदय हो रहा है, जिसमें पूँजी और श्रम की बजाय ज्ञान ही प्राथमिक उत्पादन संसाधन है। पहले से मौजूद ज्ञान के इस आधार का कुशल इस्तेमाल हमारे लिए बेहतर स्वास्थ्य, शिक्षा और प्रगति के अन्य संकेतकों के रूप में पूँजी पैदा कर सकता है। विभिन्न क्षेत्रों में हुई उन्नति का लाभ उठाते हुए कौशल और उत्पादकता को बढ़ाकर ज्ञान रूपी ढाँचागत तंत्र का निर्माण तथा उसका रख-रखाव ही इस समाज की समृद्धि बढ़ाने में प्रमुख भूमिका निभा सकते हैं। कोई देश ज्ञानवान् समाज की कसौटी पर खरा उतरता है या नहीं इसका पता इस प्रकार लगाया जा सकता है कि वह ज्ञान के सर्जन और उसके उचित इस्तेमाल के क्षेत्र में कैसा कार्य कर रहा है।

ज्ञानवान् समाज के दो महत्त्वपूर्ण अवयव सामाजिक बदलाव तथा धन निर्माण से प्रेरित होते हैं। सामाजिक बदलाव दरअसल, शिक्षा, स्वास्थ्य रक्षा, कृषि और शासन के क्षेत्र में आते हैं। ये ही रोजगार सर्जन, उच्च उत्पादकता तथा ग्रामीण समृद्धि का मार्ग प्रशस्त करेंगे।

देश के लिए धन निर्माण के कार्य को राष्ट्रीय क्षमताओं से जोड़कर देखा जाना चाहिए। टाइफैक के कार्यदल ने उन प्रमुख क्षेत्रों की पहचान कर ली है, जो ज्ञानवान् समाज बनने की दिशा में हमारा मार्गदर्शन करेंगे। ये क्षेत्र हैं—सूचना प्रौद्योगिकी, जैव प्रौद्योगिकी, अंतरिक्ष प्रौद्योगिकी, मौसम पूर्वानुमान, आपदा प्रबंधन, टेली-मेडिसिन तथा दूर-शिक्षा, पारंपरिक ज्ञान का प्रयोग करनेवाली प्रौद्योगिकी, सेवाक्षेत्र और सूचना एवं मनोरंजन के समन्वय से उपजा इंफोटेनमेंट का नया क्षेत्र। सौभाग्यवश इन प्रमुख प्रौद्योगिकियों को युवाओं के उद्यमी जज्बे से उन्नत बनी सूचना प्रौद्योगिकी के जरिए एकसूत्र में पिरोया जा सकता है।

इस प्रकार ज्ञानवान् समाज के निर्माण के लिए कई किस्म की प्रौद्योगिकी तथा समुचित प्रबंधन प्रणाली को एकजुट होकर काम करना होता है। सूचना प्रौद्योगिकी के क्षेत्र में भारत ने जिस प्रकार अपने लिए जगह बनाई है उससे स्पष्ट है कि वह जल्द ही स्वयं को ज्ञानवान् समाज में बदलने के अवसर का लाभ उठा सकेगा। इन प्रमुख क्षेत्रों में धन पैदा करने की कार्य-प्रणाली तथा सन् 2008 तक पचास अरब डॉलर के निर्यात का लक्ष्य हासिल करने के विषयों पर फिलहाल विचार-विमर्श जारी है। साथ ही इस बात पर भी चर्चा चल रही है कि सामाजिक बदलाव के लिए घरेलू स्तर पर ही तीस अरब डॉलर मूल्य के सूचना प्रौद्योगिकी उत्पादों को तैयार करने की क्षमता कैसे विकसित की जाए। मुझे प्रसन्नता है कि भारत को ज्ञानवान् समाज में बदलने के लिए योजना आयोग ने एक कार्य-योजना तैयार करने का फैसला किया है। इस उद्देश्य के लिए गठित संचालन समिति का अध्यक्ष बनने का मुझे सौभाग्य मिला था।

उचित नीतियों तथा प्रशासनिक प्रक्रियाओं का निर्माण, विनिमय विधियों में बदलाव, भागीदारों की पहचान तथा युवा और ऊर्जावान् नेताओं को तैयार करना बड़ी चुनौती है। ज्ञानवान् समाज की स्थापना के लिए जरूरी दूसरे

अवयव अर्थात् धन के निर्माण के उद्देश्य से नागरिक को केंद्र में रखकर दृष्टिकोण अपनाया जाए, ताकि व्यापार नीति, प्रयोगकर्ता-प्रेरित प्रौद्योगिकी निर्माण और सघन उद्योग-प्रयोगशाला-शिक्षण संस्थान से संपर्क एवं समन्वय कायम किया जा सके।

सन् 2010 तक ज्ञान के क्षेत्र में महाशक्ति बनकर उभरना देश के सामने महत्त्वपूर्ण अभियान है। हालाँकि ज्ञानवान् समाज के समक्ष सामाजिक बदलाव और धन निर्माण रूपी दो-आयामी लक्ष्य होते हैं, लेकिन भारत के सामने ज्ञान के क्षेत्र में महाशक्ति बनने का तीसरा आयाम भी मौजूद है। यह ज्ञान का संरक्षण है और इसके लिए सशक्त दायित्व-बोध होना जरूरी है। चौकसी और निगरानी के जरिए हमारे संचार-तंत्र और सूचना उत्पादकों को इलेक्ट्रॉनिक हमलों से बचाकर रखना बेहद जरूरी है। बौद्धिक संपदा अधिकारों तथा संबंधित विषयों को लेकर केंद्रित दृष्टिकोण अपनाने की जरूरत है, साथ ही यह भी कि हमारा प्राचीन ज्ञान और संस्कृति हमारे संसाधन आधार का हिस्सा हैं और इस नाते उसके संरक्षण की भी जरूरत है।

सन् 1960 में कृषि क्षेत्र में, आंशिक या पूर्ण रूप से, देश की 74 प्रतिशत आबादी को रोजगार मिला हुआ था। सन् 1992 में यह आँकड़ा घटकर 62 प्रतिशत रह गया और सन् 2010 तक इसके घटकर 50 प्रतिशत हो जाने की आशंका है, जबकि तब तक कृषि उत्पादों की माँग बढ़कर दोगुनी हो जाएगी। खेती-बाड़ी तथा कृषि उत्पाद क्षेत्र में संलग्न मानव-शक्ति में आई कमी की भरपाई के लिए अधिक उत्पादकता और फसल कटाई के बाद बेहतर प्रबंधन और विपणन की आवश्यकता है।

मणिपाल अकादमी ऑफ हायर एजुकेशन ने चेन्नई में आयोजित एक अभिनंदन समारोह में हरित क्रांति के जनक श्री सी. सुब्रह्मण्यम, विख्यात वकील श्री एन.ए. पालकीवाला तथा मुझे सम्मानित किया। उस समारोह के बाद मैंने नब्बे वर्षीय श्री सुब्रह्मण्यम से दूसरी हरित क्रांति की उनकी योजना के बारे में जानकारी ली। उन्होंने संकर बीजों के विकास के लिए नेशनल एग्रो फाउंडेशन स्थापित करने के अपने स्वप्न के बारे में मुझे बताया। उनका फाउंडेशन छोटे तथा मझोले किसानों को अपने साथ जोड़कर भूमि परीक्षण के लिए उन्हें प्रयोगशालाओं की सुविधा, मौसम संबंधी सूचना और बाजारों

तक पहुँच मुहैया कराएगा, ताकि उन्नत पैदावार तथा बेहतर कीमतों के जरिए वे अच्छी आमदनी प्राप्त कर सकें। उनका लक्ष्य दस लाख किसानों को इस योजना के दायरे में लाने का था। स्वप्नद्रष्टा सचमुच कभी बूढ़े नहीं होते।

एक अन्य अवसर पर मैं कोयंबतूर के नजदीक पोलाची स्थित डॉ. महालिंगम कॉलेज ऑफ इंजीनियरिंग एंड टेक्नोलॉजी के छात्रों के साथ बातचीत कर रहा था। महान् उद्योगपति और शिक्षाविद् डॉ. महालिंगम भी हमारे साथ ही बैठे थे। वे हमें बता रहे थे कि किस प्रकार कृषि, रसायन और कपड़ा उद्योगों के जरिए देश धन कमा सकता है। उद्योग-धंधे और शिक्षा संस्थानों को स्थापित करने संबंधी उनकी उपलब्धियों पर हैरानी जताते हुए मैंने उनसे पूछा, 'सर, अब आपका अगला अभियान कौन सा है?' जब मैंने यह सवाल पूछा तो मुझे एहसास हुआ कि मैं यह सवाल जिस व्यक्ति से कर रहा था उनकी उम्र अस्सी वर्ष थी।

डॉ. महालिंगम ने जवाब दिया, 'मैंने दो हजार पाँच सौ वर्ष पहले के संगम में प्रयोग की गई तमिल लिपि का विश्लेषण किया है। अब मैं पाँच हजार वर्ष पूर्व के प्रथम संगम में इस्तेमाल हुई तमिल लिपि पर शोध करना चाहता हूँ।'

मुझे एक बार फिर एहसास हुआ कि स्वप्नद्रष्टा वाकई बूढ़े नहीं होते।

उद्योग-धंधों के मामले में देखें तो सन् 1960 में 11 प्रतिशत आबादी लघु और बड़े स्तर के उद्योगों में लगी हुई थी। सन् 1992 में भी यह आँकड़ा 11 प्रतिशत रहा। अलबत्ता, सकल घरेलू उत्पाद (जीडीपी) में अपेक्षित वृद्धि तथा डब्ल्यू.टी.ओ. के तहत व्यापार प्रतिबंध हटाए जाने के बाद, बढ़ती प्रतिस्पर्धा के मद्देनजर सन् 2010 तक यह आँकड़ा 25 प्रतिशत तक पहुँच जाना चाहिए। रोजगार का ढाँचा एक नए आकार में सामने होगा। सेवा या ज्ञान-विज्ञान से जुड़े उद्योग क्षेत्र में रोजगार सन् 1962 में 15 प्रतिशत से बढ़कर सन् 1992 में 27 प्रतिशत हो गया। ढाँचागत रखरखाव क्षेत्रों तथा सूचना प्रौद्योगिकी क्षेत्र और मनोरंजन की माँग को देखते हुए इसके बढ़कर 50 प्रतिशत तक होने की संभावना है। इस परिवर्तन के चलते और ज्यादा संख्या में प्रशिक्षित कर्मियों की जरूरत होगी। वाणिज्य तथा उद्योग जगत् के हमारे नेताओं को इस बदलाव के लिए खुद को तैयार करना होगा।

ग्रामीण क्षेत्रों से शहरों में होनेवाले जन पलायन से स्पष्ट है कि दोनों के जीवन स्तर में काफी अंतर है। आदर्श स्थिति तो यह है कि ग्रामीण और शहरी दोनों ही क्षेत्रों को समान रूप से आकर्षित करनेवाला होना चाहिए, ताकि पलायन हो ही नहीं। ग्रामीण-शहरी पलायन के आँकड़े का लगभग शून्य होना ही सर्वांगीण विकास का प्रतीक होगा। इस खुशहाल संतुलन को हम कैसे प्राप्त कर सकते हैं? ग्रामीण विकास ही एकमात्र समाधान है। इसका आशय यह है कि ग्रामीण क्षेत्रों को भी वही सुविधाएँ उपलब्ध करानी होंगी जो फिलहाल केवल शहरों तक ही सीमित हैं। इससे गाँवों में भी शहरों के समान रोजगार के अवसर पैदा होंगे। दूसरी चुनौती होगी इन सुविधाओं को शहरों की तुलना में कम वित्तीय, सामाजिक, सांस्कृतिक तथा पारिस्थितिकी कीमत पर उपलब्ध कराना।

ग्रामीण क्षेत्रों के पर्यावरण को ध्यान में रखते हुए वहाँ रोजगार के अवसर जुटाने से यह उम्मीद की जा सकती है कि वे भले ही शहरों से ज्यादा नहीं, लेकिन कम-से-कम उनके बराबर आकर्षक तो हो ही जाएँगे। उस स्थिति में ग्रामीण विकास के जरिए गाँवों से शहरों को होनेवाले पलायन को रोका जा सकेगा, भले ही इस प्रवृत्ति को पूरी तरह उलटा न जा सके। इसलिए पुरा का उद्देश्य भौतिक, इलेक्ट्रॉनिक ज्ञान तथा आर्थिक संपर्क कायम करना है।

भारत के अनुभव से यह स्पष्ट है कि देहातों की प्रमुख समस्या अन्य इलाकों से उनके संपर्क की खस्ताहाल सुविधा है, न कि कुछ और। एक मुद्रिका सड़क के जरिए कुछ गाँवों को आपस में जोड़ने तथा उसपर परिवहन व्यवस्था उपलब्ध कराने से यह समस्या दूर की जा सकती है। इस प्रकार आपस में जुड़े गाँव कई तरह की सेवाओं के लिए बड़े बाजार भी उपलब्ध कराने की स्थिति में होंगे, जो वे अकेले अपने दम पर नहीं कर सकते। मुद्रिका सड़क तथा परिवहन सेवा मिलकर ही उन आपस में जुड़े गाँवों को एक आभासी शहर में तब्दील कर देंगे जहाँ हजारों लोगों का बाजार भी रहेगा। अत्याधुनिक दूरसंचार संपर्क व्यवस्था से युक्त ऐसे क्षेत्र में तेज विकास, फिर कुछ और लोगों का जुड़ना अधिक निवेश और नतीजतन कुछ अधिक लोगों के वहाँ आने के एक सिलसिले को अंजाम देगा। मूल रूप से, इसके

लिए कुछ गाँवों का चुनाव, उन्हें परिवहन और दूरसंचार संपर्क के जरिए आपस में जोड़ना, स्थापित विशेषज्ञों से इन गाँवों की श्रृंखला के आस-पास स्कूल, अस्पताल तथा अन्य सामाजिक सेवाएँ उपलब्ध कराने के लिए कहना; उद्योग और वाणिज्य को आकर्षित करने के लिए इस सुविधा-संपन्न क्षेत्र का प्रचार तथा क्षेत्र में इंटरनेट संपर्क सुविधा मुहैया कराना शामिल है।

इस मॉडल में एक ऐसे क्षेत्र की परिकल्पना की गई है जो ग्रामीण क्षेत्रों के जीवन स्तर में सुधार लाने के साथ-साथ शहरी इलाकों में भीड़-भाड़ को कम कर सकती है। जाहिर है कि शहरों में मुख्य समस्या भीड़-भाड़ की है। हर इलाके में पानी की पर्याप्त आपूर्ति और कूड़े के निपटारे को लेकर समस्या है। किसी भी बसावट का एक न्यूनतम आकार होना जरूरी है, ताकि भीड़-भाड़वाले मौजूदा शहर की तुलना में वह प्रतिस्पर्धी हो। लेकिन साथ ही हमें यह भी ध्यान में रखना होगा कि विस्तार के न्यूनतम आकार को पार करने के बाद वर्तमान में भीड़-भाड़वाला शहर आर्थिक दृष्टि से भी किफायती नहीं रह पाता। पारंपरिक रूप से आयताकार यानी दस किलोमीटर गुणा छह किलोमीटर वाले शहर के मुकाबले इस मॉडल में मुद्रिका के आकार में बसाए शहर को लिया गया है, जिसमें आठ से दस गाँव होंगे और प्रत्येक गाँव लगभग साठ वर्ग किलोमीटर क्षेत्रफल का होगा और वे एक-दूसरे से एक किलोमीटर की दूरी पर होंगे। ऐसे शहर के लिए केवल एक परिवहन मार्ग की जरूरत होगी और आयताकार शहर की तुलना में इसमें दूरी भी आधी ही होगी, अर्थात् यातायात साधन की आवृत्ति दोगुनी हो जाएगी, जबकि प्रतीक्षा समय आधा होगा। इसमें जंक्शन होंगे ही नहीं। आयताकार योजना में जहाँ आठ मार्गों की जरूरत पड़ती है वहीं इस मॉडल में केवल एक मार्ग ही काफी होगा यानी लोगों को मार्ग बदलने की भी आवश्यकता नहीं होगी। इस प्रकार यातायात समय की भी बचत होगी। चूँकि इस मामले में पूरा यातायात एक ही मार्ग पर सिमटा होगा, इसलिए अपेक्षाकृत कम आबादी के लिए भी उच्च कार्यकुशलतावाली यातायात प्रणाली किफायती साबित हो सकती है। इससे खर्च में कमी आएगी और लोगों को भी सुविधा होगी।

भारत को ज्ञान के क्षेत्र में शक्ति-संपन्न बनाने के लिए ग्रामीण विकास

आवश्यक है तथा स्वास्थ्य-रक्षा और शिक्षा-तंत्र को देहातों तक ले जाने की पूर्व शर्त उनमें बेहतर संपर्क व्यवस्था का होना है। कुछ क्षेत्रों के विकास का खाका तैयार किया जा चुका है और हमें इस दिशा में काम करना है।

टाटा ग्रुप के अध्यक्ष श्री रतन टाटा ने मुझे पुणे स्थित टेल्को संस्थान में आने और विशेषकर पूर्ण रूप से स्वदेशी इंडिका कार की डिजाइनिंग, निर्माण तथा विकास कार्य के दौरान आनेवाली चुनौतियों को देखने-समझने का निमंत्रण दिया। इस यात्रा को लेकर मैं काफी उत्साहित था। मुझे लगा कि इस यात्रा से मुझे उन कुछेक सवालों के जवाब मिलेंगे जो कई मौकों पर मुझसे पूछे गए हैं।

इसरो की हमारी टीम ने जब सन् 1980 में उपग्रह प्रक्षेपण यान का सफल परीक्षण और रोहिणी को पृथ्वी की निचली कक्षा में स्थापित किया तो यह देश के लिए गौरव का अवसर था। फिर जब फरवरी 2000 में मैंने हलके लड़ाकू विमान (एलसीए) के पहले प्रारूप मॉडल को आकाश में उड़ान भरते देखा, जिसे ऐरोनॉटिकल डेवलपमेंट एजेंसी (एडीए) ने स्वदेश में ही विकसित किया था, तो यही कहा गया कि इस अत्याधुनिक क्षेत्र में क्षमता रखनेवाले कुछ गिने-चुने देशों में अब भारत भी शामिल हो गया है। यह विभिन्न आर एंड डी प्रयोगशालाओं, उद्योग, शिक्षण संस्थानों, प्रयोगकर्ताओं तथा सरकार के बीच अच्छे तालमेल का नतीजा है।

मेरी यात्रा के दौरान श्री रतन टाटाजी ने मुझे अपने उस स्वप्न के बारे में बताया जिसके मुताबिक वे भारत को ऑटोमोबाइल क्षेत्र में अंतरराष्ट्रीय स्तर के खिलाड़ी के रूप में देखना चाहते हैं। इस सपने को साकार करने के लिए उन्होंने समय तथा धन खर्च कर इकाइयाँ स्थापित करने की बजाय कई देशों की कार निर्माण इकाइयों का अधिग्रहण करने का फैसला किया। वे इनकी मौजूदा क्षमता से पाँच गुना ज्यादा कारें बनाने के दिन का इंतजार कर रहे हैं, ताकि अंतरराष्ट्रीय स्तर पर प्रतिस्पर्धा के स्तर को प्राप्त किया जा सके। यह एक सुंदर विचार है। मैं इसमें यह भी जोड़ना चाहूँगा कि भारतीय औद्योगिक परिसरों के अंतरराष्ट्रीय निकायों में बदलने के बाद उन्हें बहुराष्ट्रीय कंपनियों में तब्दील करने के बारे में सोचना चाहिए।

मुझे और मेरे दल को कई वैज्ञानिक, औद्योगिक, शैक्षिक तथा प्रबंधन

संस्थाओं द्वारा आमंत्रित किया जाता है, ताकि हम राष्ट्रीय चुनौतियों, कार्यों के सिलसिले में प्राप्त अपने अनुभवों को बाँट सकें। मुंबई में छात्रों के साथ बातचीत के क्रम में एक सवाल जो मुझसे किया गया था, वह अब भी मेरे कानों में गूँज रहा है—

'प्रो. कलाम, हम यह देखकर बेहद खुश हैं कि भारत अपने उपग्रह प्रक्षेपण यानों तथा उपग्रहों, सामरिक महत्त्व के प्रक्षेपास्त्रों और परमाणु हथियारों के साथ-साथ बिजलीघरों का निर्माण खुद कर रहा है। क्या आप मुझे बता सकते हैं कि भारत अपनी खुद की यात्री कार, जिसमें भारतीय इंजन ही लगा होगा, कब तक बना पाएगा?'

जब मैं टेल्को में डिजाइन, हिस्से-पुर्जों के निर्माण, असेंबली, टेस्टिंग वगैरह की प्रक्रियाओं को देख रहा था और मुझे बताया गया कि कंपनी हर साल साठ हजार कारें तैयार कर रही है तो मुझे यह सवाल याद आ गया। मैं न सिर्फ उस सवाल के जवाब को साक्षात् देख पा रहा था बल्कि अपने देश की प्रौद्योगिकी के क्षेत्र में कायम मजबूती को भी महसूस कर रहा था।

विप्रो ने जब अक्तूबर 2000 में बंगलौर में एक सचल हृदय जाँच क्लीनिक के उद्घाटन अवसर पर मुझे आमंत्रित किया तो उस समय भी मैं एक अवधारणा को मूर्त रूप में देख पा रहा था। यह विप्रो-जीई, केयर फाउंडेशन तथा क्लेनजेड्स का संयुक्त प्रयास था। मेरे दोस्त अरुण तिवारी ने इस परियोजना के लिए सिस्टम संबंधी अवधारणा उपलब्ध कराई थी। उद्घाटन के बाद मैंने विप्रो-जीई केंद्र का दौरा किया, जहाँ उन्नत प्रौद्योगिकी का इस्तेमाल कर विशेष प्रकार के चिकित्सकीय उपकरण तैयार किए जाते हैं। यहाँ एक युवक मेरे पास आया और उसने मेरी कमीज पर एक छोटा सा राष्ट्रीय ध्वज टाँक दिया। मैंने उससे हाथ मिलाया और पूछा, 'युवक! क्या तुम यहाँ रुककर देश के लिए काम करोगे?'

उसने जवाब दिया, 'मैं एक ऐसे पेशे से जुड़ा हूँ जिसमें रोगों के निदान के लिए जरूरी उपकरण बनाए जाते हैं। मैं उस पेशे को समर्पित हूँ जिसमें दूसरों की तकलीफें दूर करने की कोशिश की जाती है। मेरी यहाँ जरूरत है।'

मैं उसका जवाब सुनकर खुश हो गया। स्वयं वह केंद्र भी मुझे स्वास्थ्य-

रक्षा के क्षेत्र में दो देशों के बीच कायम संयुक्त उपक्रम-सा ही लगा।

कार्यक्रम के बाद विप्रो के अध्यक्ष अजीम प्रेमजी मेरे साथ रक्षा अनुसंधान तथा विकास संगठन (डीआरडीओ) के गेस्ट हाउस तक आए। रास्ते में उन्होंने मुझे बताया कि वे कर्नाटक में प्राथमिक विद्यालयों की मदद कर रहे हैं, ताकि अधिक बच्चों को स्कूलों तक लाया जा सके। गेस्ट हाउस में चाय पीते हुए मैंने उनसे पूछा, 'व्यापार की दुनिया में विप्रो ने इतना ऊँचा मुकाम कैसे हासिल किया है?'

प्रेमजी ने इसका बेहद प्रभाववाला उत्तर दिया, 'प्रो. कलाम, मेरे दिमाग में तीन पहलू स्पष्ट हो रहे हैं। पहला, पीढ़ियों तक पसीना बहाना और टीमों की कड़ी मेहनत। दूसरा, विप्रो में हमारा मकसद ग्राहक के लिए संतुष्टि जुटाना होता है। तीसरा, कुछ हद तक किस्मत भी साथ होती है। यदि पहले दो पहलुओं पर कोई काम नहीं किया जाए तो तीसरा अपने आप कुछ भी नहीं कर सकता। विप्रो में हमने सामाजिक सरोकारों से जुड़े रहकर धन पैदा किया है।'

इन तमाम संस्थानों के अनुभवों में एक बात समान है। कहा जाता है कि हम नियंत्रणों और प्रतिरोधी व्यवस्था के बावजूद उच्च प्रौद्योगिकी-आधारित प्रणालियाँ उपलब्ध करा सकते हैं। ज्ञानवान् समाज के निर्माण के लिए बेहद आवश्यक तत्त्व हैं—प्रतिस्पर्धी माहौल की उपस्थिति, नेटवर्किंग क्षमताएँ, सामाजिक सरोकारों को साथ रखकर धन पैदा करना और इन सबसे बढ़कर है युवाओं की प्रज्वलित प्रज्ञा।

महर्षि पतंजलि ने 'योगसूत्र' में लिखा है—'जब आप किसी महान् उद्देश्य या असाधारण परियोजना से प्रेरित होते हैं तो आपके सभी विचार सीमा तोड़कर विराट् रूप ले लेते हैं। आपका मस्तिष्क भौतिक सीमाओं को लाँघ जाता है, आपकी चेतना का हर दिशा में विस्तार होता है और आप स्वयं को एक नई महान् तथा रोमांचक दुनिया में पाते हैं। तमाम सुप्त शक्तियाँ, प्रतिभाएँ और योग्यताएँ जाग जाती हैं तथा आप खुद को इतने बड़े इनसान के रूप में पाते हैं जितना कि आपने सपने में भी अपने बारे में नहीं सोचा होता।'

यह बात हम सभी को संबोधित करके लिखी गई है। किसी राष्ट्र के लोग ही उसे महान् बनाते हैं। अपने प्रयासों से लोग अपने महान् देश के

महत्त्वपूर्ण नागरिक बन जाते हैं। प्रज्वलित प्रज्ञा इस धरती पर सबसे अधिक ताकतवर संसाधन है और हमारे देश के एक अरब मस्तिष्क वास्तव में वह महान् ताकत हैं जिनका यथोचित इस्तेमाल अभी किया जाना बाकी है।

सार

प्राचीन भारत एक ज्ञानवान् समाज था, जिसने सभ्यता के विकास में महत्त्वपूर्ण योगदान दिया। हमें अपने उस रुतबे को फिर प्राप्त कर ज्ञान की महाशक्ति बनना होगा। जीवन में बेहतर स्तर प्राप्त करने के लिए हमें अपनी गलतियों से सीखना होगा। विकसित भारत ही पराजय के बोध को विजय के एहसास में बदल सकता है।

□

ताकतों को एकजुट करना

"तय करें कि काम किए जा सकते हैं और कर लिये जाएँगे, फिर हम उन्हें करने का तरीका तलाशेंगे।"

—अब्राहम लिंकन

अपने अनुभवों से हमें पता है कि जहाँ कहीं भी प्रशासनिक व्यवस्था कुशल होती है, शिक्षा का स्तर ऊँचा और विकास कार्यों में राजनीतिक हस्तक्षेप न्यूनतम होता है, वहाँ प्रगति की रफ्तार तेज होती है। मेरे लिए विकास दरअसल, सुरक्षा को केंद्र माननेवाली प्रक्रिया है—गरीबी से रोटी-कपड़ा-मकान की सुरक्षा, सामाजिक सुरक्षा और फिर राष्ट्रीय सुरक्षा। 'भारत 2020' पुस्तक में हमने पाँच ऐसे क्षेत्रों की पहचान की है जिनमें एकीकृत कार्य प्रणाली को लेकर भारत के पास बुनियादी योग्यता मौजूद है।

इनमें से पहला क्षेत्र है कृषि तथा खाद्य प्रसंस्करण, जहाँ हमें छत्तीस करोड़ टन खाद्यान्न और कृषि उत्पाद का लक्ष्य निर्धारित करना होगा। कृषि और कृषि-आधारित खाद्य प्रसंस्करण क्षेत्रों में मूल्य संवर्धन से ग्रामीण जनता में खुशहाली आएगी तथा आर्थिक वृद्धि की दर भी बढ़ेगी।

दूसरा क्षेत्र है बिजली। देश भर में विश्वसनीय बिजली-आपूर्ति सुनिश्चित करना आवश्यक है।

तीसरा क्षेत्र है शिक्षा और स्वास्थ्य रक्षा का। हम जान चुके हैं कि ये दोनों क्षेत्र एक-दूसरे से जुड़े हुए हैं। मसलन, उच्च साक्षरता दर और स्वास्थ्य रक्षा की बेहतर सुविधाओं के चलते केरल में जनसंख्या-दर में कमी आई है

और राज्य में जीवन-स्तर में भी सुधार हुआ है। इसी प्रकार तमिलनाडु में भी जन्म-दर में गिरावट दर्ज की गई है, जो इन कारकों का ही परिणाम है। आंध्र प्रदेश में हुए अध्ययन में भी इसी प्रवृत्ति की झलक दिखाई पड़ती है। इस प्रवृत्ति को बिहार और उत्तर प्रदेश जैसे अधिक जनसंख्या-दर वाले राज्यों में दोहराए जाने की जरूरत है।

चौथा क्षेत्र सूचना प्रौद्योगिकी का है। इसमें हमारी खासी योग्यता है और यह शिक्षा का प्रसार करने तथा धन पैदा करने के साथ-साथ पिछड़े इलाकों में भी बदलाव लाने की ताकत रखता है।

पाँचवाँ क्षेत्र सामरिक महत्त्व का है। सौभाग्यवश इस क्षेत्र में परमाणु, अंतरिक्ष तथा रक्षा प्रौद्योगिकी में पर्याप्त प्रगति हुई है।

इन पाँचों क्षेत्रों की गतिविधियों को यदि एकीकृत कर दिया जाए तो खाद्यान्न, आर्थिक, सामाजिक और राष्ट्रीय सुरक्षा सुनिश्चित की जा सकेगी। स्वप्न को साकार बनाने के लिए अनुसंधान तथा विकास संस्थानों, विश्वविद्यालयों और संपूर्ण समुदाय के साथ-साथ सरकारी विभागों और एजेंसियों के बीच तालमेल का होना बेहद जरूरी है। सफलता की कुंजी आपस में जुड़े रहने में ही है।

शिक्षा तथा स्वास्थ्य रक्षा में विकास से छोटे परिवारों और कुशल कार्यबल का लाभ मिलेगा। रोजगार प्राप्त करने और सामाजिक विकास के लिए भी यह महत्त्वपूर्ण है। खाद्य प्रसंस्करण समेत कृषि क्षेत्र में सुधार से खाद्यान्न सुरक्षा, रोजगार के अवसरों की उपलब्धता तथा तीव्र आर्थिक विकास सुनिश्चित होगा। सूचना प्रौद्योगिकी के क्षेत्र में विकास से आर्थिक विकास में तेजी आने के साथ-साथ अन्य विकास गतिविधियाँ भी बढ़ेंगी। विद्युत् शक्ति सभी क्षेत्रों के लिए आवश्यक ऊर्जा उपलब्ध कराती है। सामरिक क्षेत्र का उद्योग पर विकास बनाए रखने तथा प्रौद्योगिकी ताकत पर सीधा असर पड़ता है। संतुलित विकास की दृष्टि से पाँचों क्षेत्रों का महत्त्व है। इनके संयुक्त प्रभाव से सकल घरेलू उत्पाद (जीडीपी) अपने मौजूदा दर 6 प्रतिशत से बढ़कर 10 प्रतिशत हो जाएगी तथा फिलहाल गरीबी रेखा से नीचे रह रहे तीस से चालीस करोड़ लोगों के जीवन में भी काफी सुधार होगा।

मैंने तीन क्षेत्रों—कृषि, उच्च शिक्षा तथा ग्रामीण संपर्क के लिए टाइफैक

के दलों के साथ काम किया है। ऐसा करते हुए मैंने चीनी, राख तथा उर्वरकों के क्षेत्र में अपने पुराने अभियानों के अनुभवों का भरपूर लाभ उठाया। प्रसिद्ध कृषिविज्ञानी प्रो. एस.के. सिन्हा के साथ टाइफैक ने मध्य बिहार तथा पूर्वी भारत में कृषि उत्पादकता बढ़ाने की परियोजनाएँ शुरू कीं। सन् 1998 के खरीफ के मौसम के दौरान वहाँ एक क्षेत्र के छह तथा दूसरे के नौ गाँवों को चुना गया। कार्यप्रणाली के अंतर्गत भूमि विश्लेषण, बीजों का चुनाव, बिजाई मौसम, उर्वरक चुनाव तथा किसानों का प्रशिक्षण शामिल किया गया। वैज्ञानिक तथा किसानों के इस सघन प्रयास से धान की पैदावार प्रति हेक्टेयर ढाई टन से बढ़कर पाँच टन प्रति हेक्टेयर हो गई। जब वाई.एस. राजन के साथ मैंने कुछेक उन गाँवों का दौरा किया जहाँ यह प्रणाली लागू है तो हमने किसानों को नए मुद्दों, जैसे तेज फसल कटाई के उपकरणों, भंडारण सुविधाओं, मार्केटिंग तथा बैंकिंग प्रणाली वगैरह में रुचि लेते देखा। यह देखकर साफ हो गया कि विभिन्न विभागों के विशेषज्ञों का छोटा सा दल भी कठिन इलाकों में समय और धन की बचत की दृष्टि से आश्चर्यजनक परिणाम दिखा सकता है।

एक अन्य प्रयोग 'रीच' (रैलीवेंस एंड एक्सीलेंस इन एचीविंग न्यू हाइट्स) अर्थात् 'नई ऊँचाइयाँ प्राप्त करने के लिए शिक्षा को प्रासंगिक तथा उत्कृष्ट बनाना भी इन दिनों जारी है। इस अभियान का उद्देश्य अस्सी से एक सौ ऐसे केंद्र स्थापित करना है जिनमें एक समान शैक्षिक कार्यक्रम लागू हों और जो उत्कृष्टता के प्रति संकल्पबद्धता रखते हों। इस प्रयास में वे शिक्षकों तथा शोध कार्यों की आवश्यकतानुसार अदला-बदली भी कर सकते हैं। इस सिलसिले में पटियाला, डिब्रूगढ़, मुंबई, तंजाबूर तथा सूरत में कृषि और औद्योगिक जैव-प्रौद्योगिकी, उन्नत कंप्यूटिंग तथा सूचना प्रसंस्करण, पेट्रोलियम रिज़रवॉयर इंजीनियरिंग, औद्योगिक सुरक्षा, पर्यावरण इंजीनियरिंग और हर्बल दवाओं के क्षेत्रों में 'सेंटर ऑफ टेलीवेंस एंड एक्सीलेंस' यानी 'कोर' स्थापित किए गए हैं। 'रीच' कार्यक्रम से प्राप्त हमारे अनुभव बताते हैं कि उद्योग जगत् भी अपनी दिलचस्पी के विशिष्ट क्षेत्रों में भागीदारी करने के इच्छुक हैं और वे 'कोर' की स्थापना पर होनेवाले खर्च का 50 प्रतिशत वहन करने को भी तैयार हैं। इसके बदले में उन्हें कुशल मानवशक्ति तथा अनुसंधान

के नतीजों तक पहुँच का लाभ मिलेगा। प्रौद्योगिकी विकास तथा शिक्षा के क्षेत्रों में भागीदारी के लिए उद्योग जगत् के इच्छुक होने से हमारे विश्वास को काफी हद तक सहारा मिला है। प्रमुख वैज्ञानिक सलाहकार के कार्यालय में कार्यरत सलाहकार डॉ. एम.एस. विजयराघवन को एकीकृत ज्ञानोपार्जन प्रणाली के नेता के रूप में स्थापित होते हुए देखना बड़ा संतोषजनक है। उन्होंने उद्योग जगत् को ज्ञानोपार्जन कार्यक्रमों के प्रति संकल्पबद्ध बनाने में योगदान दिया।

एक अन्य उदाहरण ग्रामीण क्षेत्रों को जोड़ने का है जो आईआईटी, मद्रास के पूर्व निदेशक प्रो. पी.वी. इंद्रसेन के नेतृत्व में तैयार किया गया। जैसा कि पहले भी जिक्र किया गया है कि ग्रामीण क्षेत्रों से शहरों में पलायन जारी है और इससे यह साबित होता है कि वहाँ अधिक अवसर उपलब्ध हैं। इस प्रवाह को रोकने का एकमात्र तरीका यही है कि ग्रामीण क्षेत्रों को विकसित किया जाए और वहाँ जीवन को शहरी क्षेत्रों के जीवन के समान बनाया जाए। जब यहाँ रोजगार के अवसर बढ़ेंगे और सुविधाएँ भी बढ़ेंगी, जैसा कि प्रो. इंद्रसेन द्वारा तैयार 'पुरा' मॉडल में उल्लेख है, तो ग्रामीण विकास प्रवास की इस प्रक्रिया को रोकने में कामयाब हो सकेगा, बेशक वह इस प्रवृत्ति को उलट नहीं पाए। यदि हम विभिन्न क्षेत्रों को आपस में जोड़ने पर ध्यान देंगे तो वर्तमान में ही ऐसी कई तरह की प्रौद्योगिकी मौजूद हैं जो ऐसा संभव बना सकती हैं।

ग्रामीण विकास कार्यक्रम 'पुरा' के लिए हमने चार तरह के गतिशील जुड़ाव की अवधारणा शुरू की है। ये हैं—भौतिकी, इलेक्ट्रॉनिक्स, अर्थशास्त्र तथा ज्ञान के क्षेत्र में संपर्क। एक अन्य महत्त्वपूर्ण आवश्यकता सूचना-प्रौद्योगिकी पर आधारित टेली मेडिसिन यानी दूर-चिकित्सा की है।

पिछले वर्ष मई में मैं हैदराबाद में डॉ. सोमराजू के केयर अस्पताल गया। उस पूरे अस्पताल को दूर-चिकित्सा के परीक्षण के लिए तैयार किया गया था तथा उसके सभाकक्ष में डॉक्टरों, संचार इंजीनियरों, कंप्यूटर वैज्ञानिकों और सॉफ्टवेयर विशेषज्ञों की भीड़ लगी थी। मरीजों का परीक्षण तथा उन्हें सलाह देने का काम दूर-चिकित्सा पद्धति से होना था। हृदय की जाँच के लिए मरीजों की ईकोकार्डियोग्राफी तथा अन्य जाँचें करनी थीं। इस पूरी

प्रक्रिया के बारे में नई बात यह थी कि मरीज दूर-दराज के स्थानों में थे, जबकि उनका निदान हैदराबाद में किया जाना था।

डॉक्टरों तथा मरीजों के बीच उपग्रह से संपर्क कायम किया गया था। ईसीजी और अल्ट्रासाउंड डाटा तथा अन्य चिकित्सकीय सूचनाओं का वास्तविक समय में ही आदान-प्रदान किया गया। मैंने मरीजों के हृदय तथा लीवर के कामकाज की रिपोर्ट को दूर के अस्पतालों से आते हुए देखा, जिन पर विशेषज्ञ अपनी राय दे रहे थे। इस प्रणाली से उन स्थानों के लिए उम्मीद बँधी है जहाँ बड़े शहरों की तरह चिकित्सा सुविधाएँ उपलब्ध नहीं हैं। दूर-चिकित्सा पद्धति उन्नत चिकित्सा प्रौद्योगिकी को ग्रामीण क्षेत्रों तक ले जाने के साथ-साथ प्राथमिक स्वास्थ्य केंद्रों, क्षेत्रीय अस्पतालों, जिला अस्पतालों और राज्यों की राजधानियों में स्थित विशिष्टता प्राप्त अस्पतालों तक को उपलब्ध करा सकती है। मेरे लिए वह अद्‍भुत नजारा था, जब इंजीनियरिंग और चिकित्सा विज्ञान मिलकर उपग्रह संचार में हुई प्रगति तथा डाटा-संप्रेक्षण के जरिए, दूरियों की परवाह किए बगैर मरीज का इलाज कर रहे थे।

सन् 1990 में अपने एक मित्र के आग्रह पर मैं अपनी आँखों की जाँच तथा इलाज कराने के लिए मदुरई के अरविंद नेत्र अस्पताल गया। वहाँ पहुँचने पर मैंने मरीजों को लाइन में खड़े हुए अपनी बारी का इंतजार करते देखा। लाइन बेशक लंबी थी, लेकिन मरीज तेजी से आगे बढ़ रहे थे और आधे घंटे के भीतर ही डॉ. जी. नचियार ने मेरी भी आँखों की जाँच कर ली थी और इलाज के बारे में बता दिया था। इसके बाद मैं अस्पताल में भरती होने के लिए पैसे जमा कराने गया। लेकिन काउंटर पर मुझे कुछ परेशानी उठानी पड़ी, क्योंकि वहाँ तैनात लड़की ने मुझसे भुगतान का चेक स्वीकार करने से मना कर दिया था और नकद पैसे मेरे पास नहीं थे। मैं लौटकर डॉ. नचियार के पास गया और उन्हें अपनी परेशानी बताई। उन्होंने मेरी स्थिति पर गौर किया और फिर वह मुझे दाखिल करने के लिए राजी हो गई। इलाज के बाद कुछ ही दिनों में मुझे अस्पताल से छुट्टी दे दी गई।

अभी थोड़े ही दिन बीते थे कि मुझे डॉ. नचियार का पत्र मिला, जिसमें उन्होंने मुझे नहीं पहचानने के लिए खेद प्रकट किया। उन्हें मेरी पहचान का तब पता चला जब मेरे सुरक्षाकर्मी ने अस्पताल से मुझे छुट्टी

मिलने के बाद वहाँ मेरे बारे में पूछताछ की।

मैं इस घटना के बाद भी कई बार उस अस्पताल में गया हूँ। डॉ. नचियार के भाई डॉ. जी. वेंकटस्वामी मेरे अच्छे दोस्त हैं और मैं जब भी मदुरई जाता हूँ तो उनसे जरूर मिलता हूँ। डॉ. वेंकटस्वामी तथा कार्य के प्रति उनकी लगन के बारे में मैं आपको कुछ बताना चाहता हूँ। अरविंद नेत्र अस्पताल के बाह्य रोगी विभाग में सन् 2001 में तेरह लाख मरीज आए थे। अस्पताल ने एक लाख नब्बे हजार ऑपरेशन किए तथा एक हजार पाँच सौ नेत्र जाँच शिविर लगाए। इसलिए इस बात में कोई आश्चर्य नहीं है कि डॉ. वेंकटस्वामी की कड़ी मेहनत के लिए विश्व स्वास्थ्य संगठन ने भी प्रशंसा की है। इस अस्पताल में हार्वर्ड तथा जॉन हॉपकिन्स समेत कई प्रमुख विदेशी विश्वविद्यालयों के छात्रों को भी प्रशिक्षण दिया जाता है।

डॉ. वेंकटस्वामी एक अनुभवी शल्य चिकित्सक हैं। हालाँकि उनकी खुद की स्थिति ऐसी है कि कोई और होता तो उसे विकलांगता मानकर शायद हार मान लेता। जब वे मेडिकल स्कूल में थे तभी गठिया रोग से प्रभावित होने के कारण उनकी उँगलियाँ मुड़ गईं और सख्त हो गई थीं।

एक दिन बातचीत के दौरान उन्होंने मुझे यह किस्सा सुनाया। हुआ यों कि दिल्ली के एक उद्योगपति ने डॉ. वेंकटस्वामी से कहा, 'मैं एक अस्पताल बनवाना चाहता हूँ और मैं आपके अस्पताल से बहुत प्रभावित हुआ हूँ। क्या आप मेरे साथ दिल्ली आकर अस्पताल स्थापित करवाएँगे?'

डॉ. वेंकटस्वामी ने पूछा, 'आपको वास्तव में क्या चाहिए? आपके पास दौलत है, इसलिए दिल्ली जैसी जगह में अस्पताल खोलने में आपको कोई परेशानी नहीं होगी। तो फिर आप क्यों नहीं ऐसा कर लेते?'

इसपर उस उद्योगपति ने जवाब दिया, 'दरअसल, मैं अपने अस्पताल में अरविंद संस्कृति चाहता हूँ। यहाँ के लोग बहुत मिलनसार हैं। उन्हें पैसों से ज्यादा लोगों की परवाह है। यहाँ की हवा में एक खास तरह की सहानुभूति बसती है।'

अस्पताल में मुझे भी यही अनुभव हुआ। अरविंद संस्कृति ने जो राह हमें दिखाई है हमें उस पर ही चलना है—जीवन को बदलकर उसे सही कार्य का शक्तिशाली उपकरण बना डालना।

चिकित्सा की ही तरह हम कृषि में भी प्रौद्योगिकी को अलग-अलग क्षेत्रों से जुड़ा पाते हैं। लेकिन अंतिम लक्ष्य लोगों की मदद करना और लोगों की जरूरतें पूरी करने में उनकी मदद करना है।

विकसित भारत के सपने को तभी साकार किया जा सकता है, जब हमें यह एहसास हो जाएगा कि धन उपजाना और धन की सुरक्षा दरअसल एक ही सिक्के के दो पहलू हैं। किसी राष्ट्र की दौलत उसके लोगों के पसीने और कड़ी मेहनत का प्रतीक होती है। प्रसिद्ध तमिल कवि अंदल ने, जिन्हें तेरह वैष्णवी आलवारों में से एक माना गया है, अपने लोकप्रिय ग्रंथ 'तिरुप्पवई' में ईश्वर का आह्वान किया है कि वह इस धरती को प्रचुर मात्रा में 'नीनीगाथा सेल्वम' (स्थायी दौलत) उपलब्ध कराए। नियोजकों ने विभिन्न मंत्रालयों की गतिविधियों को अलग-अलग ढंग से मंजूरी दी है। लेकिन यदि इन प्रस्तावों पर अलग-अलग नजरिया रखने की बजाय इन्हें बहु-उद्‌देशीय नियोजन की दृष्टि से देखा जाता तो इसके लाभ कई गुना बढ़ चुके होते। इसलिए किसी विभाग/मंत्रालय के विशिष्ट कार्यक्रम से उपजी प्रौद्योगिकी उत्पाद या सेवा को नियोजन मंजूरी के स्तर पर ही अन्य विभागों/मंत्रालयों के लिए भी उपलब्ध कराने की व्यवस्था करनी चाहिए। इससे नियोजन के स्तर पर ही आवश्यक एकीकरण हो सकेगा। अन्य गतिविधियों के मामले में भी यही दृष्टिकोण अपनाने की जरूरत है। एकीकृत मिशन भावना धनोपार्जन तथा धन-सुरक्षा के उपायों को आपस में गूँथने में मदद करेगी। यह किसी भी विकसित देश की पहचान होती है और विकसित भारत के लिए यही महत्त्वपूर्ण है।

विकसित देश का एक अन्य पहलू उसके उद्योगों का अंतरराष्ट्रीय स्तर पर प्रतिस्पर्धी होना है। इसके तहत न सिर्फ घरेलू बाजारों की जरूरतों को पूरा करने की जरूरत है बल्कि बाहरी बड़े बाजारों को भी अपना लक्ष्य बनाना होगा। इसीलिए जीडीपी में इसका योगदान काफी बड़ा है। भारत के लिए भी विकास की यही पूर्व शर्त है। भारतीय उद्योग जगत् को भी इसी प्रकार की प्रतिस्पर्धात्मकता तथा नए-नए उपाय तलाशने की जरूरत है, ताकि हमारी अपनी खुद की बहुराष्ट्रीय कंपनियाँ हों।

सभी को साक्षर बनाना तथा शिक्षा तक सभी की पहुँच सुनिश्चित

करना किसी भी राष्ट्र के लिए सही मायने में विकसित बनने की बुनियादी जरूरत है। शिक्षा विभिन्न क्षेत्रों में उत्कृष्ट प्रतिभा के धनी ऐसे लोगों का विशाल आधार तैयार करने में मददगार साबित होगी जो किसी भी देश के लिए अमूल्य संसाधन होते हैं।

वर्तमान में हमारी शिक्षा प्रणाली में काफी हद तक असमानता है। हालाँकि कई लोग उच्च शिक्षा की आकांक्षा रखते हैं, लेकिन स्तरीय उच्च शिक्षा उपलब्ध करानेवाले संस्थान काफी कम हैं। इससे स्तरीय मानव शक्ति की माँग और आपूर्ति को लेकर काफी असमानता पैदा हो जाती है, जो नए उभरते क्षेत्रों, जैसे—सूचना प्रौद्योगिकी, जैव प्रौद्योगिकी, पर्यावरण इंजीनियरिंग और निर्माण प्रौद्योगिकी में साफ दिखाई देती है। इसके अलावा उच्च शिक्षा को भी उद्योग तथा समाज के लिए अधिक प्रासंगिक बनाने की जरूरत है। फिलहाल यह पहलू अपर्याप्त है।

एक समाधान यह हो सकता है कि उन संस्थानों को पाला-पोसा जाए जो उद्योग तथा समाज के लिए प्रासंगिक चुनिंदा विषयों में विशेषज्ञता रखते हैं। कुछ वे संस्थान जो इस क्षेत्र में अच्छा प्रदर्शन कर चुके हैं, वे नए संस्थानों के लिए आदर्श बन सकते हैं। और अंत में, सबसे महत्त्वपूर्ण यह है कि इस समाधान को अभियान की तरह लिया जाए—अभियान के लक्ष्य ही सबसे अहम होने चाहिए, बाकी सब गौण।

वांछित स्तर तक विकास के लिए उद्योग जगत् को अग्रिम तथा पृष्ठगामी संपर्क सूत्रों के महत्त्व को पहचानना भी जरूरी है। वैचारिक स्रोतों, तकनीकी सलाहकार सेवाओं तथा इस प्रकार की गतिविधियों में संलग्न संस्थाओं और उपभोक्ताओं को अग्रिम संपर्क कड़ी कहा जाता है; जबकि विश्वविद्यालयों के साथ भागीदारी, अनुसंधान और विकास प्रयोगशालाएँ तथा प्रौद्योगिकी उपलब्ध करानेवाले संस्थान पृष्ठगामी कड़ियाँ कहे जाएँगे। इस पृष्ठगामी कड़ी के निर्माण के लिए उच्च शिक्षा में निवेश काफी महत्त्वपूर्ण है, क्योंकि यह कड़ी ही भारतीय उद्योग को अंतरराष्ट्रीय स्तर का बनाने में महत्त्वपूर्ण भूमिका निभा सकती है। हमें कम-से-कम बीस और आईआईटी तथा नए चिकित्सा संस्थान खोलने में संकोच नहीं करना चाहिए; और जब तक इन संस्थानों में उत्कृष्टता सुनिश्चित की जाती रहे तब तक इस बात से भी कोई

फर्क नहीं पड़ता कि इन्हें भारतीय समूह प्रायोजित कर रहे हैं अथवा विदेशी।

पॉन ग्रुप के मेरे दोस्तों द्वारा मेरे लिए तैयार वेबसाइट का उद्घाटन 15 अक्तूबर, 2000 को इंफोसिस के अध्यक्ष श्री एन.आर. नारायण मूर्ति ने आईआईसी के प्रो. एन. बालकृष्णन की उपस्थिति में किया। मेरे कुछ दोस्तों ने मुझसे इस वेबसाइट पर कुछ सवाल पूछने के लिए कहा। मैंने तीन सवाल पूछे। पहला, भारत पिछले पचास वर्षों से भी अधिक समय से एक विकासशील देश रहा है। आप युवा लड़का या लड़की होने के नाते इसे विकसित राष्ट्र बनाने के लिए क्या करेंगे?' दूसरा सवाल था, 'मैं भारत का गीत कब गा सकता हूँ?' तथा तीसरा प्रश्न था, 'विभिन्न क्षेत्रों में समर्थ होने के बावजूद हम किसी भी विदेशी वस्तु को यों ज्यादा पसंद करते हैं, जबकि दूसरे देश अपनी सफलताओं का राग अलापते रहते हैं?' मेरी शर्त सिर्फ यही थी कि इन सवालों के जवाब बीस वर्ष से कम उम्र के युवाओं की तरफ से आने चाहिए।

देश-विदेश से सौ से अधिक जवाब तथा सुझाव प्राप्त हुए। इनमें से पाँच प्रासंगिक जवाबों का मैं उल्लेख करना चाहूँगा।

चंडीगढ़ के एक युवक का जवाब था, 'मैं अध्यापक बनना चाहूँगा (यदि स्पष्ट कहूँ तो इंजीनियरिंग का प्रोफेसर), क्योंकि मैं अध्यापन के क्षेत्र में अच्छा हूँ और इस काम को पसंद भी करता हूँ, और मेरा मानना है कि देश की सेवा करने का बेहतरीन तरीका यही है कि हम अध्यापक बनें या फिर सैनिक।' पांडिचेरी की एक लड़की ने लिखा था, 'एक अकेले फूल से हार नहीं बनता। मैं काम करूँगी उस हार के निर्माण के लिए वह डोर बनाने का, जो दिमागों को एक साथ पिरोएगा, क्योंकि भारत को विकसित देश बनाने के लिए आवश्यक इस पक्ष की ही उपेक्षा की गई है।' गोवा के एक बीस वर्षीय युवक ने लिखा, 'जिस तरह एक इलेक्ट्रॉन बिना रुके अपनी कक्षा में घूमता रहता है उसी तरह आज के बाद से मैं भी देश के लिए निरंतर कार्य करता रहूँगा।'

मैंने जो दूसरा सवाल किया था, उसके जवाब में अटलांटा से एक युवक ने लिखा, 'जब भारत किसी भी देश के खिलाफ, यदि आवश्यक हुआ तो प्रतिबंध लगा पाने की स्थिति में होगा तब मैं उसके लिए गीत गाऊँगा।'

उस युवक का आशय यह था कि आर्थिक ताकत से ही संपन्नता आती है और राष्ट्र मजबूत बनता है। पाँचवाँ जवाब कुछ ऐसा था जिसे जवाब देनेवाले कुल युवाओं में से 30 प्रतिशत ने दिया था। उनका कहना था, 'हमारे जीवन के विभिन्न पक्षों को अधिक पारदर्शी बनाने की जरूरत है। जिस एक महत्त्वपूर्ण तथ्य की अनदेखी की जाती है वह यह है कि भारत में पैंतीस साल से कम आयु वर्ग के लोगों की संख्या सत्तर करोड़ है। ये सत्तर करोड़ ही देश को महान् बनाने का जज्बा, रुझान और योग्यता रखते हैं। यह ताकत वास्तव में परिवर्तन के लिए आवश्यक एक बड़ी बात है।'

युवा मेधाओं को किस प्रकार प्रज्वलित किया जा सकता है? युवाओं को राष्ट्र-निर्माण की चुनौती से कैसे जोड़ा जा सकता है? नए सिरे से जुटाई ताकत के साथ अपनाई गई समग्र परिकल्पना ही युवा शक्ति को इस कार्य के लिए प्रेरित करेगी।

पारदर्शिता तथा मूल्यों के विषय का खयाल आते ही मेरे दिमाग में गांधीजी की याद ताजा हो जाती है। मुझे दिल्ली में उनकी पोती श्रीमती सुमित्रा कुलकर्णी से भेंट का मौका मिला। मैंने उनसे पूछा, 'सुमित्राजी, क्या आपको अपने दादाजी के जीवन की कोई खास घटना याद है (सार्वजनिक जीवन में पारदर्शिता के प्रसंग में)?'

उन्होंने मुझे यह कहानी सुनाई, 'जैसाकि आप सभी ने सुना होगा कि हर रोज शाम को एक निश्चित समय पर महात्मा गांधी एक प्रार्थना सभा में भाग लिया करते थे। प्रार्थना के बाद हरिजनों तथा अन्य लोगों के कल्याण के लिए उपहार आदि इकट्ठे किए जाते थे। गांधीजी के भक्त समाज के विभिन्न वर्गों के लोगों से मिले इन उपहारों को प्राप्त करते थे और फिर गांधीजी के निर्देश पर कुछ लोग इनकी गिनती किया करते थे। जो भी राशि इस प्रकार प्राप्त होती थी उसके बारे में रात्रि भोजन से पहले गांधीजी को बताया जाता था। अगले दिन बैंक का आदमी आकर पैसे जमा कराने के लिए ले जाता था।

'एक दिन उस आदमी ने बताया कि उसे दी गई धनराशि में, गांधीजी को पिछली रात बताई गई रकम के मुकाबले, कुछ पैसों की कमी है। गांधीजी यह सुनकर इतने दुःखी हुए कि वे यह कहकर उपवास पर बैठ गए कि यह

गरीब आदमी का दान है और हमें इसे गँवाने का कोई हक नहीं है।' यह घटना सार्वजनिक जीवन में पारदर्शिता की मिसाल है। गांधीजी के इस देश में हम इस दृष्टि से सबसे खराब के दर्शन कर रहे हैं। हम सभी को, खासकर युवा पीढ़ी को, पारदर्शी भारत के निर्माण के लिए ठीक वैसा ही आंदोलन शुरू करना चाहिए जैसा कि हमारे पूर्वजों ने आजादी पाने के लिए किया था। पारदर्शिता वस्तुतः विकास की सबसे मुख्य शर्त है।

हमने आजादी के बाद से अब तक की अपनी प्रगति की बात की है। हम कृषि के क्षेत्र में आत्मनिर्भर हैं, दूध उत्पादन में अग्रणी हैं और औद्योगिक क्षेत्र में काफी प्रगति की है, वगैरह-वगैरह। लेकिन इसके बावजूद हम विकासशील राष्ट्र हैं, कुछ सौ देशों में से एक देश।

दरअसल, यह जानना जरूरी है कि प्रतिस्पर्धा की दृष्टि से हम कहाँ खड़े हैं। किसी भी देश की प्रतिस्पर्धात्मकता को इस प्रकार परिभाषित किया जाता है, 'किसी राष्ट्रीय अर्थव्यवस्था द्वारा आर्थिक विकास की उच्च दर प्राप्त करने की योग्यता।' इस लिहाज से, विश्व आर्थिक मंच द्वारा तैयार की गई विश्व प्रतिस्पर्धात्मक रिपोर्ट के अनुसार—सिंगापुर पहले स्थान पर है, अमेरिका दूसरे, हांगकांग तीसरे, ताइवान चौथे, कनाडा पाँचवें, इंग्लैंड आठवें, फ्रांस तेईसवें, जर्मनी पच्चीसवें तथा भारत उनसठवें स्थान पर है।

विश्व प्रतिस्पर्धात्मकता का पैमाना क्या है? यह उद्योगों के प्रगामी होने, प्रौद्योगिकी में सुधार के लिए अपेक्षित दबाव तथा सरकारी गैर-विनियमन की संयुक्त स्थिति से आँका जाता है। जीडीपी के कुल आकार की दृष्टि से विश्व में हमारा बारहवाँ स्थान है, जबकि प्रति व्यक्ति जीडीपी के हिसाब से हम पचहत्तरवें स्थान पर हैं। क्या यह स्थिति हमें स्वीकार्य होनी चाहिए? खासकर युवाओं को? मेरा मानना है कि जीडीपी तथा प्रतिस्पर्धात्मकता की दृष्टि से हमें चौथे या पाँचवें स्थान के लिए मेहनत करनी चाहिए। हमारा लक्ष्य सन् 2020 तक ऐसा होना चाहिए तथा इसके बाद हमें और आगे बढ़ने की कोशिश करनी चाहिए। हमने कुछ उपायों तथा उपकरणों की चर्चा की है, जो वांछित दर्जा प्राप्त करने में सहायक हो सकते हैं।

इसे इस प्रकार दोहराया जा सकता है कि एक ज्ञानवान् समाज ही इस प्रकार की दृष्टि की बुनियाद है। मुझे खुशी है कि योजना आयोग ने ऐसे

समाज के निर्माण के लिए खाका तैयार करने की दिशा में काम शुरू कर दिया है।

हमें वहाँ की शुरुआत करनी है। हाल में कई नए राज्यों का गठन किया गया है और यहीं से शुरुआत की जा सकती है। इन राज्यों में पर्याप्त प्राकृतिक संसाधन होने के बावजूद इनका विकास बहुत कम हुआ है। हालाँकि इन राज्यों के लोग कड़ी मेहनत करते हैं और पसीना बहाते हैं तो भी यहाँ काफी गरीबी है। वह क्या है जो इस घिसे-पिटे रास्ते को छोड़कर नए मार्ग पर बढ़ने से हमें रोकता है? सवाल यह नहीं है कि कौन हमें आगे बढ़ने की इजाजत देगा, बल्कि यह है कि कौन हमें रोकेगा?

सार

हमें अपने कार्यक्रमों तथा नीतियों को सफल बनाने के लिए उन्हें मिशन भाव से लागू करना चाहिए। झटपट प्रगति नहीं होती और अगर रास्ता ऊबड़-खाबड़ हो तो यह दूर भी छिटक सकती है। इनसानों तथा पदार्थ के रूप में उपलब्ध प्रचुर प्राकृतिक संसाधनों का एक राष्ट्रीय परिकल्पना के तहत भरपूर इस्तेमाल किया जाना एक अनिवार्यता है।

□

नए राज्य का निर्माण

"यदि मुझसे पूरे संसार में से उस देश को चुनने को कहा जाए जहाँ प्रकृति ने सबसे अधिक संपदा, शक्ति और सौंदर्य बिखेरा है—जिसके कुछ भाग तो ऐसे हैं मानो धरती पर ही स्वर्ग उतर आया हो—तो मैं निस्संदेह भारत को चुनूँगा।"

—*एफ. मैक्समूलर*

मैंने इस पुस्तक की शुरुआत सितंबर 2001 में अपनी झारखंड यात्रा के साथ की थी। वह मेरा वहाँ का चौथा दौरा था। पहली दो यात्राओं ने मुझे इस राज्य में मौजूद बुनियादी योग्यताओं को समझने में मदद की थी। मुझे इस राज्य की विज्ञान और प्रौद्योगिकी परिषद् का संरक्षक बनाया गया है। इस यात्रा का मेरा मकसद जड़ी-बूटियों, वन उत्पादों तथा अन्य प्राकृतिक संसाधनोंवाले इस क्षेत्र के लिए मुख्यमंत्री श्री बाबूलाल मरांडी, विज्ञान तथा प्रौद्योगिकी मंत्री श्री समरेश सिंह और अन्य संबंधित अधिकारियों के साथ बैठकर विकास कार्यक्रम की रूपरेखा तैयार करना था। राँची पहुँचने पर लड़के-लड़कियों के एक दल ने ढेर सारे फूलों से मेरा स्वागत किया। एक साधारण वैज्ञानिक के प्रति उनके सम्मान तथा उसके सपनों के प्रति उनके भरोसे को देखकर मैं गद्गद हो गया। मैंने राज्यपाल महामहिम श्री प्रभात कुमार से भी मुलाकात की, जिन्होंने मुझे राज्य के मेहनती लोगों और वहाँ की वन-संपदा के बारे में बताया।

मुझे राँची से पचहत्तर किलोमीटर दूर स्थित पहाड़ी इलाके के अपने

पिछले दौरे की याद हो आई। प्रो. बसु वहाँ बच्चों की शिक्षा तथा स्वास्थ्य के लिए एक कार्यक्रम पर काम कर रहे थे। जब मैं इस पहाड़ी क्षेत्र में जवानों और बूढ़ों के साथ उन्हीं की तरह जमीन पर बैठा और उनसे बातचीत की तो एक बात स्पष्ट थी कि यहाँ मेरे जैसे किसी की उपस्थिति पहले से ही तय थी। वहाँ विकास के सभी अवयव मौजूद थे—अच्छी बारिशवाली उपजाऊ भूमि, लंबे पेड़ और भरपूर वनस्पति तथा ऐसे लोग, जो जमकर मेहनत करने की इच्छा रखते हैं। उनके चेहरों पर जो हँसी थी वह इस हद तक पवित्र थी कि कम-से-कम शहरों में तो वह अब कम ही दिखाई देती है। लेकिन उनके शरीर थके हुए थे, जो इस बात का प्रमाण था कि आजीविका के लिए वे जरूरत से ज्यादा श्रम कर रहे थे।

इस यात्रा के दौरान हमने राज्य में हर्बल दवा उद्योग लगाने की विस्तृत रूपरेखा तैयार की। हमने विभिन्न अधिकारियों के साथ मिलकर हर्बल फार्म लगाने तथा दवा उत्पादकों को जड़ी-बूटियों की आपूर्ति करने की योजनाओं पर चर्चा की। हमारा मकसद था कि दवाएँ राज्य में ही तैयार की जाएँ, ताकि मूल्य वर्धन के कारण होनेवाली अतिरिक्त आय का लाभ भी राज्य को ही मिले। यह राज्य तथा हमारे मिशन के लिए एक नया प्रयोग था; लेकिन मिशन प्रबंधन में हमारे अनुभव को देखते हुए कहा जा सकता था कि झारखंड राज्य फूल उत्पादन, जड़ी-बूटियाँ तथा जड़ी-बूटियों पर आधारित उत्पादों के क्षेत्रों में जबरदस्त सफलता हासिल कर सकता है।

बैठक के बाद हम स्टील नगरी बोकारो के लिए रवाना हुए। आकाश में बादल छाए हुए थे और हमें लगा, कहीं उड़ान ही रद्द न कर दी जाए। हम दोपहर ढाई बजे राँची हवाई अड्डे पहुँचे। राज्य सरकार ने पवन हंस हेलिकॉप्टर को किराए पर लिया था। मैंने पायलट से पूछा कि क्या ऐसे मौसम में हवाई यात्रा संभव है ? इसपर उसने मुसकराते हुए बेहद खूबसूरत यात्रा का भरोसा दिलाया और इस तरह मुझे तथा दो अन्य यात्रियों को लेकर हेलिकॉप्टर उड़ चला।

मैंने अकसर हेलिकॉप्टर से यात्राएँ की हैं, लेकिन इस बार मुझे मौसम वाकई खराब लगा। लेकिन पायलट काफी चतुर था और एक बार तो ऐसा मौका भी आया कि इतनी अच्छी उड़ान के लिए मैंने उसे बधाई तक दे डाली। घने विस्तृत जंगलों और पहाड़ियों तथा झरनों के ऊपर से उड़ान भरने

का अपना अलग ही आनंद था। मैं सोचने लगा कि कैसे इस मूल्यवान् प्राकृतिक संपदा को छोटे-मोटे व्यावसायिक लाभ के लिए काटे जाने से बचाया जाए? अभी मैं यह सोच ही रहा था कि मैंने महसूस किया कि हम नीचे की तरफ गिर रहे हैं।

अचानक मैंने नीचे गिर रहे हेलिकॉप्टर को लेकर दोनों पायलटों को चिंतित स्वर में विचार-विमर्श करते सुना। मैं खुद भी सतर्क हो गया। नीचे देखा तो चारों तरफ कई कारें और बड़ी संख्या में लोग दिखाई दिए। तभी हेलिकॉप्टर एक जोरदार आवाज के साथ जमीन पर जा गिरा। उसके हिस्से टूट-फूटकर हमारे चारों तरफ बिखर गए थे और आग बुझानेवाली गाड़ियाँ हमारी तरफ बढ़ती दिखाई दे रही थीं।

मैं बिना उद्वेलित हुए हेलिकॉप्टर में से बाहर निकला। यह हमारा सौभाग्य था कि इंजन जब खराब हुआ तब तक हम काफी नीचे पहुँच चुके थे। अगर कुछ समय पहले ऐसा हुआ होता तो हम सभी नीचे गिरकर काल के ग्रास बन चुके होते। पायलट काफी घबराए हुए थे और असहाय से मुझे देख रहे थे। मैंने उनके हाथ पकड़े और उनका शुक्रिया अदा किया। मैंने उनसे कहा कि हवाई मशीनों के साथ कभी-कभार ऐसा हो जाता है और पायलट होने के नाते उन्हें बहादुरी से इस घटना को लेना चाहिए।

मुझे रामकृष्ण विद्यालय के छात्रों को संबोधित करना था और वे सब इंतजार कर रहे होंगे, लिहाजा हम दुर्घटना स्थल से तुरंत रवाना हो गए। स्कूल के प्रधानाचार्य कृष्णास्वामी ने मेरी अगवानी की और ऑडिटोरियम में जब मैं मंच की तरफ बढ़ रहा था तो बच्चों ने फूलों की पँखुड़ियों की बारिश मुझ पर की। दुर्घटना की सूचना वहाँ मेरे पहुँचने से पहले ही पहुँच चुकी थी। आशंकित बच्चे शांतिपूर्वक बैठे हुए प्रतीक्षा कर रहे थे।

तनाव को कम करने के लिए मैंने उन बच्चों को संबोधित करना शुरू किया, 'दोस्तो, जब मैं राँची से यहाँ आ रहा था तो मैंने इस राज्य पर ईश्वर की जबरदस्त कृपा को देखा। यहाँ की धरती के अंदर और ऊपर अपार खनिज संपदा है। झारखंड के मैदानी भागों की उपजाऊ जमीन फसलों के लिए बहुत अच्छी है। जब मैं यहाँ के जंगलों, घाटियों और पहाड़ियों के ऊपर से उड़ रहा था तो वन तथा हर्बल उत्पादों के रूप में यहाँ बिखरी संपदा मुझे

आश्वस्त करती प्रतीत हुई। जमीन पर मैंने स्टील संयंत्र को काम करते देखा। और अब मैं अपने सामने देख रहा हूँ उन परिश्रमी लोगों को जिनके कारण यह राज्य इतना प्रसिद्ध है। यानी इस राज्य के पास हर तरह की आवश्यक संपदा मौजूद है। यह ऐसी भूमि है जो अपने रूपांतरण का इंतजार कर रही है। मुझे यहाँ के भविष्य में कुछ ऐसे गाँव दिखाई दे रहे हैं जिनमें वे सभी प्रकार की शहरी सुविधाएँ होंगी और जो शिक्षा, स्वास्थ्य तथा रोजगार के लिहाज से आत्मनिर्भर होंगे। आज की घटना मेरे शेष जीवन के मिशन की रूपरेखा तैयार करेगी। यहाँ उतरने के बाद मैं राज्य की संपदा को देखकर अपनी परेशानी को भी भूल गया था। आप अपनी इस बुनियादी योग्यता का इस्तेमाल झारखंड को विकसित राज्य बनाने के लिए कैसे कर सकते हो? इसके लिए आपको मिशन भावना से प्रेरित होकर काम करना होगा।'

जब तक ये बच्चे बड़े होकर अपना कैरियर चुन रहे होंगे तब यह भी संभव है कि ये ही ज्ञानवान् समाज के निर्माण के लिए राष्ट्रीय प्रयास का हिस्सा बन चुके होंगे। राज्य के लिए इनका योगदान भी जबरदस्त होगा। यही इनका लक्ष्य होना चाहिए—झारखंड को महान् राज्य बनाना।

जब मैं इन बच्चों द्वारा लगाई गई प्रदर्शनी और एक सांस्कृतिक कार्यक्रम को देख रहा था, जिसमें एक शानदार मयूर नृत्य भी शामिल था, तो एक बात मेरे दिमाग में लगातार उठ रही थी कि शिक्षा प्रणाली में सुधार करना बेहद आवश्यक है, ताकि सृजनात्मकता के ये शक्तिपुंज मुरझाएँ नहीं। मैंने महसूस किया कि यह ऐसा क्षेत्र है जिसमें मुझे केंद्र और राज्य के साथ मिलकर काम करना है।

रामकृष्ण स्कूल में समारोह के बाद मैं अपनी दूसरी व्यस्तताओं में उलझा रहा। टाउन हॉल में मुझे एक बैठक में भाग लेना था और मैं बोकारो स्टील संयंत्र के महाप्रबंधक द्वारा मेरी जाँच के लिए भेजे गए डॉक्टरों के चिंता व्यक्त करने के बावजूद वहाँ गया। टाउन हॉल में मुझे 'झारखंड की बुनियादी योग्यता और उद्योग' विषय पर भाषण देना था। मैंने अपनी बात को सीमित रखा, ताकि लोगों को चर्चा के लिए प्रेरित किया जा सके।

इस बीच इलेक्ट्रॉनिक मीडिया ने अपना काम कर दिखाया। चूँकि हमारे आने की कवरेज के लिए इलेक्ट्रॉनिक मीडिया पहले से ही मौजूद था,

इसलिए हेलिकॉप्टर के दुर्घटनाग्रस्त होने की खबर जल्द ही देश भर में फैल चुकी थी। मेरे मोबाइल फोन पर मेरे हालचाल जानने के लिए फोन आने लगे। मैं बैठक में व्यवधान नहीं होने देना चाहता था और इसलिए मैंने मोबाइल फोन डॉ. विजयराघवन को दे दिया था, जो राँची से सड़क मार्ग से वहाँ पहुँच चुके थे। मैंने उनसे कहा कि वे रामेश्वरम् में मेरे छियासी वर्षीय भाई को फोन करके बता दें कि मैं पूरी तरह ठीक-ठाक हूँ। मैंने उनसे अपने सचिव शेरिन को भी फोन करने के लिए कहा, ताकि वह मेरा हाल-चाल पता करने के लिए आनेवाली फोन कॉल की जिम्मेदारी ठीक-ठाक सँभाल सकें।

मेरा व्याख्यान जारी था कि इस बीच डॉ. विजयराघवन ने कागज की एक पर्ची मेरी तरफ बढ़ाई, 'आपके भाई को यकीन नहीं हो रहा था कि आप सकुशल हैं। यदि आप वाकई सकुशल हैं तो उन्हें आपकी आवाज सुनकर ही तसल्ली होगी।' बड़ा भाई जीवन भर बड़ा ही रहता है। मैंने अपने भाई को भरोसा दिलाने के लिए अपना व्याख्यान बीच में छोड़ा।

बैठक में लौटकर अपना व्याख्यान जारी रखने पर वहाँ मौजूद कुछ लोगों ने मुझसे सवाल किए। उन्होंने पूछा, 'प्रो. कलाम, क्या आप बता सकते हैं कि कई ऐसे बंदरगाहों से कच्चे माल का निर्यात क्यों किया जाता है जिनका निर्माण खासतौर पर इस उद्देश्य से किया गया है?' झारखंड जैसे खनिज संपदा-संपन्न राज्य के लिए यह काफी प्रासंगिक था। मैंने उन्हें वह बातचीत सुनाई जो गोवा में विश्वविद्यालय के दीक्षांत समारोह के लिए नाव से बंदरगाह पार करते हुए मुरमुगाँव पोर्ट ट्रस्ट के अध्यक्ष के साथ मैंने की थी। हमने जापान को होनेवाले लौह अयस्क निर्यात पर बातचीत शुरू की जो अधिकांशत: पणजी से होता है। उन्होंने बताया कि हर साल जापान को चार बंदरगाहों से कुल मिलाकर तीन करोड़ टन लौह अयस्क निर्यात किया जाता है, जिनमें से एक करोड़ सत्तर लाख टन अकेले मुरमुगाँव से जाता है। खरीदारों के मुताबिक यह अयस्क घटिया क्वालिटी का होता है, इसलिए प्रति टन मात्र कुछ डॉलर के दाम पर इसे बेचा जाता है। इस तरह इसकी बिक्री से अर्थव्यवस्था को कोई खास फायदा नहीं पहुँचता। इसी अयस्क को अगर यहाँ इस्तेमाल में लाया जाए तो मूल्य वर्धन के कारण इससे कहीं ज्यादा आय हो सकती है।

'यह मूल्य वर्धन क्या है और क्या आप इसका उदाहरण दे सकते हैं ?' मुझसे बोकारो में यह सवाल किया गया था और एक जोरदार उदाहरण मुझे याद आया। सन् 1970 के दशक में जब हम उपग्रह प्रक्षेपण पर काम कर रहे थे तो बेरिलियम डायफ्रॉमों की जरूरत पड़ी। इनका इस्तेमाल उड़ान के दौरान रॉकेटों या मिसाइलों की ऊँचाई का पता लगानेवाले सेंसरों में होता है। चूँकि ये हमारे यहाँ उपलब्ध नहीं थे, इसलिए इन्हें अंतरराष्ट्रीय बाजार से खरीदने के लिए एक दल का गठन किया गया। इस दल के अध्यक्ष भारत के पूर्व मुख्य चुनाव आयुक्त श्री टी.एन. शेषन थे और उनके अलावा सदस्यों के तौर पर श्री माधवन नायर तथा डॉ. एस.सी. गुप्ता को भी शामिल किया गया था। दल ने न्यूयॉर्क की एक कंपनी से सौ बेरिलियम डायफ्रॉम का सौदा किया।

तीन महीने बाद हमें कंपनी का संदेश मिला, चूँकि बेरिलियम डायफ्रॉम का इस्तेमाल अंतरराष्ट्रीय बैलिस्टिक मिसाइलों में लगे सेंसरों के लिए किया जाता है, इसलिए विदेश विभाग ने उन्हें भारत को आपूर्ति करने की हमें मंजूरी देने से इनकार कर दिया है। हमने झटपट अपने जुझारू अंदाज में इस समस्या से निबटने की तैयारी शुरू कर दी। हमें प्रौद्योगिकी देने से इनकार करने का मतलब था प्रौद्योगिकी का हमें प्राप्त होना।

इस बीच यह पता चला कि भारत में बेरिलियम अयस्क के विशाल भंडार मौजूद हैं। यह अयस्क जापान को निर्यात कर दिया जाता था, जो उसे प्रसंस्करित कर बेरिलियम की छड़ों और चादरों में बदलकर अमेरिका को निर्यात कर देता था और फिर अमेरिका उनसे ही बेरिलियम उत्पाद, जैसे डायफ्रॉम वगैरह तैयार करता था। यह जानकारी मेरे लिए किसी आघात से कम नहीं थी—इस पदार्थ का खनन भारत में किया जाता है और फिर जापान को निर्यात कर दिया जाता था, जो इसे प्रसंस्करित कर अमेरिका को निर्यात करता था, और अमेरिकी कंपनी ही अब इसे हमें बेचने से इनकार कर रही थी। पहल करने की हमारी भावना कहाँ चली गई थी ? हमारे लक्ष्यों को क्या हो गया था ? यह मुद्दा प्रेस में भी छाया रहा, अत: अंततोगत्वा बेरिलियम का निर्यात रोक दिया गया।

अन्य क्षेत्रों में भी यही कहानी दोहराई जाती है। पते की बात तो यह है कि अपनी अकूत संपदा के बावजूद भारत एक गरीब देश है, क्योंकि यहाँ

मूल्य वर्धन पर खास ध्यान नहीं दिया जाता, भले ही वह खनिज उत्पाद हो या जैव-विविधता उत्पाद अथवा अनाज या मछली। बेरिलियम अयस्क के मामले में संशोधन की प्रक्रिया के बाद ही कम-से-कम दस गुना मूल्य वर्धन हो जाता है। इसे उत्पाद में बदलने के बाद तो कम-से-कम एक सौ गुना मूल्य वृद्धि होती है। और इस तरह हम जापान या अमेरिका को उसी चीज का दाम चुकाते हैं जो पैदा ही भारत में होती है। यही हाल लौह अयस्क का तथा अन्य वस्तुओं के निर्यात का है, फर्क सिर्फ मूल्य वृद्धि के अनुपात में अंतर का है। यह एक ऐसा सबक है जो हमें तुरंत सीख लेना चाहिए।

उसी बैठक में एक और दिलचस्प सवाल उठा, 'क्या आप सोचते हैं कि राजनीति में पवित्रता संभव है?' यह कुछ-कुछ मेरे दायरे से बाहर की बात थी, लेकिन इसके पहलू का, जो पहले भी उठाया गया था, मैं जिक्र करना चाहूँगा। वह पहलू यह था कि सभी क्षेत्रों—राजनीति, उद्योग, विज्ञान, कला आदि में उत्कृष्टता का प्रदर्शन करनेवाली एक पूरी पीढ़ी का उदय आजादी से पहले के वर्षों में हुआ था। महात्मा गांधी, सी.वी. रमन, जे.आर.डी. टाटा, पीरोजशा बी. गोदरेज, लक्ष्मणराव किर्लोस्कर, रामकृष्ण बजाज, रवींद्रनाथ टैगोर, डॉ. एस. राधाकृष्णन, मदन मोहन मालवीय···यह एक लंबी सूची है। अचानक समाज के सभी क्षेत्रों में उत्कृष्टता दिखाई पड़ती थी और जिन परिस्थितियों ने ऐसा संभव बनाया था वे उस स्वप्न का ही नतीजा थीं जो देश ने अपने लिए देखा था।

मेरा विश्वास है कि अगर देश अब दूसरा स्वप्न देखे तो राजनीति समेत सभी क्षेत्रों में हमारी महत्त्वाकांक्षाओं के अनुरूप नेता भी एक बार फिर सामने आएँगे।

अगले दिन मैंने देश के सबसे बड़े स्टील संयंत्र यानी बोकारो संयंत्र का दौरा किया। संयंत्र के महाप्रबंधक श्री तिवारी मेरे साथ थे। इस संयंत्र का आकार हैरानी में डाल देनेवाला था। मैंने सैकड़ों आदमियों को संगठित तरीके से काम करते और अपने शरीर से पसीना बहाते हुए देखा, जबकि भट्ठियों में से पिघला इस्पात ऐसे बह रहा था मानो आग का दरिया हो। मुझे बताया गया कि लौह अयस्क अगले कई वर्षों तक उपलब्ध रहेगा। हालाँकि संयंत्र बेहद प्रभावी था, लेकिन मुझे यह देखकर हैरानी हुई कि इसके आस-

पास अन्य औद्योगिक इकाइयाँ नहीं थीं जो यहाँ तैयार स्टील से विभिन्न उत्पाद तैयार करतीं। मुझे बताया गया कि औद्योगिक क्षेत्रों का गठन राज्यों के अधिकार-क्षेत्र में आता है। यह सुनकर मुझे हम लोगों की खाँचों में कैद सोच से जुड़ा पश्चात्ताप फिर याद हो आया। हमारी शासन की ऐसी अलग-थलग सोच क्यों है, जहाँ हर एक एजेंसी दूसरी से अलग है? जब तक केंद्रीयकृत नियोजन के जरिए विशाल राष्ट्रीय अभियानों के तहत विकास की दिशा राज्य-आधारित उद्योगों की तरफ नहीं मोड़ी जाएगी तब तक वास्तविक समृद्धि प्राप्त नहीं की जा सकती।

दिल्ली वापस लौटते हुए मैं इसी सोच में डूबा रहा था कि झारखंड की मदद किस प्रकार की जा सकती है। जरूरत सिर्फ कुछ बड़े अभियानों की है, जो एक निश्चित समयावधि में राज्य का स्वरूप बदलकर रख सकें। केंद्र और राज्य को समन्वित प्रयास करने की जरूरत है। क्या ऐसा संभव है?

मैं एसएलवी-3 प्रक्षेपास्त्र तथा प्रक्षेपास्त्र विकास संबंधी अपने अनुभवों के बारे में बताना चाहूँगा। समन्वित दृष्टिकोण क्या है, इस बारे में इनसे खुलासा होता है। इन प्रयासों में सफल होने के लिए हमें बहु-संगठन मिशन भावना को अपनाना होगा। रॉकेट निर्माण की प्रक्रिया काफी लंबी है, जो ड्राइंग बोर्ड से शुरू होकर विकास और प्रक्षेपण तक पहुँचती है। पूरी प्रक्रिया में विश्वसनीयता संबंधी कारक काफी महत्त्वपूर्ण होते हैं। पहला चरण विशाल बूस्टरवाली रॉकेट प्रणाली होती है। 'रोहिणी' को कक्षा में भेजने से पहले बूस्टर रॉकेट को पाँच बार परीक्षण प्रक्रिया से गुजारा गया था और दो प्रायोगिक उड़ानों के दौरान भी इसकी जाँच हुई। इसका मतलब यह है कि प्रक्षेपण के समय एक प्रमाणित और विकसित बूस्टर उपलब्ध था।

सन् 1982 में जब प्रक्षेपास्त्र कार्यक्रम की योजना बनाई गई थी तब मध्यम दूरी की मिसाइल (आईआरबीएम) के बारे में किसी ने सोचा भी नहीं था। अलबत्ता, एसएलवी-3 बूस्टर की उपलब्धता ने 'अग्नि' के निर्माण का मार्ग प्रशस्त किया जो दरअसल स्वीकृत कार्यक्रम के तहत किया गया। 'अग्नि' को मात्र छत्तीस करोड़ रुपए के बजट में तैयार कर सन् 1989 में प्रक्षेपित किया गया। दुनिया भर में कोई अनुमान भी नहीं लगा सकता था कि मात्र छह वर्ष की अवधि में भारत आईआरबीएम प्राप्त कर सकता है। यह

सिर्फ इस वजह से संभव हो सका कि अग्नि अभियान को बहु-संस्थागत कार्यक्रम के तौर पर तैयार किया गया था।

मिशन कार्यक्रम के तौर पर चलाई गई रक्षा तथा अंतरिक्ष परियोजनाओं के बारे में मेरा आकलन यह है कि विभिन्न भागीदारों—सरकारी विभागों, उद्योग, अनुसंधान संस्थानों के बीच सघन भागीदारी से कम कीमत पर तेज रफ्तार से विकास किया जा सकता है। अन्य परियोजनाओं और योजनाओं के बारे में भी यही सच है। मिशन प्रयास के तौर पर शुरू की गई केंद्र और राज्य की परियोजनाएँ न्यूनतम खर्च पर तीव्र विकास करेंगी।

वह क्या है, जो इस अवधारणा को आगे ले जाने से हमें रोक रही है? क्या समय-समय पर जाँचे-परखे गए संतुलित मार्ग की बजाय जोखिम भरे रास्ते को चुनना खतरे से भरा लगता है? या फिर यह कि मिशन कार्यक्रम के तहत जिम्मेदारी की भावना ज्यादा होती है—जहाँ परिणाम दिखाने होते हैं या फिर छोड़ना ही विकल्प होता है?

अक्तूबर 2001 में मुझे दिल्ली में गुरु गोविंद सिंह इंद्रप्रस्थ विश्वविद्यालय जाने का अवसर मिला। छात्रों को संबोधित करने के लिए मैंने विषय चुना—'जिम्मेदार युवा नागरिक'। मैंने भारत को एक ज्ञानवान् समाज बनाने के महत्त्व को भी उनके सामने रखा। मेरे भाषण के बाद एक छात्र ने काफी महत्त्वपूर्ण सवाल मुझसे किया, 'क्या आप बता सकते हैं कि पढ़े-लिखे भारतीय अमेरिका और यूरोप जाने पर ही बेहतरीन प्रदर्शन क्यों करते हैं? वे वहाँ जाकर अमीर भी बन जाते हैं?'

मैंने बताया कि मैंने हाल में चिदानंद राजघट्ट की पुस्तक 'द हॉर्स दैट फल्यू' पढ़ी है, जो विशेषकर सूचना प्रौद्योगिकी के क्षेत्र में और वह भी अमेरिका में सफल हुए भारतीयों के बारे में है। जितने भी लोग सफल हुए उनके बारे में जो एक बात मैंने जानी, वह यह थी कि उन्होंने अकेले काम नहीं किया। उन्होंने धर्म या अन्य मतभेदों की परवाह किए बगैर अपने सहयोगियों के साथ काम किया, और वे जोखिम लेने से भी नहीं डरे। उन्होंने सबसे बड़ा जोखिम तो विदेश जाने का फैसला लेकर ही मोल लिया।

मैं बी. चंद्रशेखर से मिला, जो सिलिकॅन वैली में सफल उद्यमी हैं और जिन्होंने हमारी प्रमुख शैक्षिक संस्था मद्रास इंस्टीट्यूट ऑफ टेक्नोलॉजी

(जिसे संक्षिप्त में मैसाच्युसेट्स के प्रसिद्ध प्रौद्योगिकी संस्थान की ही तरह एमआईटी कहा जाता है) में इंटरनेट प्रौद्योगिकी केंद्र शुरू करने के लिए योगदान दिया। एक दिन चंद्रशेखर ने अपनी अरबों डॉलर की कंपनी बेचकर नया उद्यम शुरू किया। जब मैंने उनसे पूछा कि वे इतना जोखिम कैसे लेते हैं, तो उन्होंने जवाब दिया कि जोखिम उठाना उन्हें अच्छा लगता है। उनकी तथा अन्य सफल कंपनियों का एक पहलू और है। दरअसल, उनका अस्तित्व ही प्रदर्शन पर टिका होता है। और जितना अच्छा प्रदर्शन वे करेंगे उतने ही वे अमीर भी होंगे।

इस बारे में मुझे एक अनुभव याद आ रहा है। यह सन् 1955 की बात है। मैं मद्रास इंस्टीट्यूट ऑफ टेक्नोलॉजी में एरोनॉटिकल इंजीनियरिंग का दूसरे वर्ष का छात्र था। हमारे निदेशक डॉ. एन. श्रीनिवासन थे, जो स्वयं एरोनॉटिकल इंजीनियर थे। मैं उनके मार्गदर्शन में कम स्तरवाले हमलावर विमान की डिजाइनिंग संबंधी एक परियोजना पर काम कर रहा था। इस कार्य के लिए सात छात्रों के एक दल को चुना गया था। उनमें से तीन को—विवेकानंद, महाबलेश्वर भट्ट और मुझे—प्रणाली समन्वय (सिस्टम इंटीग्रेशन) की जिम्मेदारी सौंपी गई। हमारे दल को तीन महीने के भीतर पूरी ड्राइंग समेत डिजाइन रिपोर्ट प्रस्तुत करनी थी। चूँकि इंजन, नियंत्रण आँकड़े मेरे दोस्तों से ही मुझे देर से मिले, लिहाजा मेरे काम में भी दो सप्ताह की देरी हो गई।

अगस्त माह का उमस भरा दिन था। मैं ड्राइंग बोर्ड पर काम कर रहा था। टेनिस कोर्ट जाते हुए डॉ. श्रीनिवासन ने मेरे कमरे में झाँका और मेरे काम को देखने लगे। उन्हें लग गया कि मेरा काम अभी बहुत बाकी है। उन्होंने कहा, 'कलाम, अगर तुम तीन दिन के अंदर काम पूरा नहीं कर सके तो तुम्हारी छात्रवृत्ति बंद कर दी जाएगी।'

यह मेरे लिए किसी आघात से कम नहीं था। छात्रवृत्ति ही मेरी जीवनरेखा थी, क्योंकि मेरे पिता की हैसियत एमआईटी में पढ़ाई का आर्थिक खर्च उठाने की नहीं थी। मुझे उपलब्ध समय का बेहतरीन इस्तेमाल करना था। तीन दिन में काम पूरा करना काफी मुश्किल था। मुझे लगातार काम करना था। और मैंने ऐसा ही करने का फैसला किया। मैं तीन रातों तक कॉलेज की बेंच पर ही सोता रहा और सिर्फ खाना खाने के लिए ही बाहर निकलता।

ठीक तीन दिन बाद डॉ. श्रीनिवासन मेरे ड्राइंग बोर्ड को देखने आए। उन्होंने मेरे काम की जाँच में लगभग एक घंटा लगाया और फिर बोले, 'यह सचमुच अच्छा है। तुमने कई सप्ताहों का काम कुछ दिनों में ही पूरा कर दिखाया है।' उनके मुँह से अपनी प्रशंसा सुनना सचमुच अच्छा लगा।

मैंने उस वक्त महसूस किया कि जब कुछ दाँव पर लगा होता है तभी मानव-मेधा प्रज्वलित हो उठती है और उसकी काम करने की क्षमता कई गुना बढ़ जाती है। एक काम को चुन लेने के बाद व्यक्ति को उसमें डूब जाना चाहिए। आप सफल होंगे या असफल, यह जोखिम तो हमेशा रहेगा। लेकिन इस डर से आपको काम नहीं रोक देना चाहिए। यदि आप असफल भी होते हैं तो भी भविष्य के लिए आपके पास अनुभव तो होगा।

मिशन के लिए खुद अपनी ही स्थिति को जोखिम में डालकर शुरुआत करें। या तो मैं परिणाम प्राप्त करूँगा या उस काम को ही छोड़ दूँगा, स्वयं को इस प्रयास के लिए तैयार करें। हम जब भी कोई नया काम शुरू करते हैं तो उसमें जोखिम होता ही है। देखा जाए तो जन्म की प्रक्रिया ही अपने आपमें जोखिम से भरी है। लेकिन फिर नवजात साँस लेने लगता है···और जीवन आगे बढ़ता है—अपनी तमाम उम्मीदों और अपेक्षाओं के साथ। अपने भीतर सफलता के विचार पैदा करें और सफलता आपके कदम चूमेगी।

सार

उद्देश्यपूर्व गतिविधियों के जरिए ही विकास के रास्ते पर आगे बढ़ा जा सकता है। विशेषकर युवाओं का उचित मार्गदर्शन करना जरूरी है, ताकि उनके जीवन को उपयुक्त दिशा मिल सके और उनकी सृजनात्मकता भी खिल सके। इसके लिए कुछ शैक्षिक सुधारों को शुरू करना बेहद जरूरी है।

विकास की रफ्तार में सुधार के लिए कुछ प्रमुख क्षेत्रों में केंद्र और राज्य के मिले-जुले प्रयासों को समन्वित करने के साथ-साथ विभिन्न क्षेत्रों और संगठनों में भी मिशन के तौर पर इन्हें लागू करने की जरूरत है। मानसिकता में बदलाव जरूरी है और जोखिम लेने के प्रति दिलचस्पी भी होनी चाहिए। तब सफलता खुद-ब-खुद चली आएगी।

□

मेरे देशवासियों के नाम

"जहाँ मस्तिष्क आशंकाओं से परे है और सिर है ऊँचा
जहाँ ज्ञान मुक्त है
जहाँ विश्व नहीं है खंडित...
मेरे पिता, ऐसे मेरे देश को जाग्रत् करो।"

—रवींद्रनाथ टैगोर

इस पूरी पुस्तक में मैंने कल्पना की ताकत की बात की है। यही हर प्रकार की रचनात्मक प्रक्रिया के मूल में छिपी होती है और जीवन का तत्त्व भी यही है, क्योंकि यह उस शक्ति से जुड़ी है जो हमारी तरफ उसे आकर्षित करती है, जिसकी हम इच्छा करते हैं। यही वह ताकत है जो विजेता और पराजित के बीच का अंतर है। मैं बीस वर्षों में साक्षर और गरीबी के चंगुल से आजाद भारत देखना चाहूँगा। मैं ऐसे भारत का सपना देखता हूँ जिसके शासन-तंत्र पर श्रेष्ठ नेता आसीन हों। मैं ऐसी व्यवस्था का सपना देखता हूँ जिसमें वैज्ञानिकों तथा प्रौद्योगिकीविदों का कामकाज आम आदमी के लिए प्रासंगिक लक्ष्यों की प्राप्ति को समर्पित विशिष्ट अभियानों पर केंद्रित हो। इस सपने को साकार कैसे बनाया जाए?

हमें यह जानना चाहिए कि अभियान प्रायः संगठनों से बड़े होते हैं, ठीक उसी प्रकार जैसे संगठनों का कद उन लोगों से ऊँचा होता है जो उन्हें चलाते हैं। अभियानों के लिए प्रयासों की जरूरत होती है और मेधा उद्देश्य उपलब्ध कराती है। इस दृष्टि से विचार करें कि कौन सा विभाग या मंत्रालय

मनुष्य को मंगल ग्रह पर ले जाकर वहाँ बस्ती बसा सकता है ? क्या दो लाख मेगावाट बिजली का उत्पादन ताप, पनबिजली, परमाणु तथा गैर-पारंपरिक क्षेत्रों के बीच बिना आपसी तालमेल के अलग-थलग पड़े रहकर किया जा सकता है ? क्या दूसरी हरित क्रांति कृषि वैज्ञानिकों, जैव प्रौद्योगिकीविदों तथा सिंचाई विशेषज्ञों के आपस में मिल-जुलकर काम किए बगैर संभव है ? निदान की उचित सुविधाओं से रहित क्लीनिक हों और जनता को वे दवाएँ न मिलें जिनकी कीमतें उसकी पहुँच में हों तो उस स्थिति में हमारी जैव प्रौद्योगिकी प्रयोगशालाएँ तथा चिकित्सा परिषदें बेशक एक-दूसरे को स्थायी रूप प्रदान करती रहें, मगर वे अपने अस्तित्व को तर्कसंगत नहीं ठहरा पाएँगी—अर्थात् अत्यंत उन्नत चिकित्सा सुविधाओं को उचित कीमतों पर जनता को उपलब्ध कराने का उद्देश्य प्रमुख है।

मैं खुद अपने अनुभवों पर गौर करने के बाद मानव ऊर्जा के उस क्षेत्र के प्रति जागरूक हुआ हूँ जो अंतर्दृष्टि से ही पैदा होता है। यह ऐसी शक्ति है जो स्वयं आपके भीतर की गहराइयों से उपजती है। यह वह ताकत है जो उत्कृष्टता की तरफ ले जाती है, जैसी कि हमने आजादी के दौर में देखी थी। चुनौतियों से जूझते हुए मैं खुद कई मौकों पर इस ताकत से प्रभावित हुआ हूँ। स्वातंत्र्य पूर्व के भारत में यह चारों तरफ फैली थी, जिसने एक बलशाली साम्राज्य को घुटने टेकने को मजबूर कर दिया था।

जमशेदजी नुसेरवनजी टाटा ने भारत में स्टील उद्योग की स्थापना की थी, हालाँकि अंग्रेज शासक इसके पक्ष में नहीं थे। आचार्य पी.सी. रे ने रसायन तथा दवा उद्योग को पाला-पोसा। हमने जे.एन टाटा द्वारा शुरू किए गए भारतीय विज्ञान संस्थान, पं. मदन मोहन मालवीय द्वारा स्थापित बनारस हिंदू विश्वविद्यालय और सर सैयद अहमद खान द्वारा गठित अलीगढ़ मुसलिम विश्वविद्यालय जैसे कई महान् संस्थानों की नींव रखी जाती देखी। कुछ प्रगतिशील महाराजाओं ने भी बड़ौदा विश्वविद्यालय, मैसूर विश्वविद्यालय और उस्मानिया विश्वविद्यालय जैसे संस्थान खोले। ऐसे कई उदाहरण मौजूद हैं। इन सभी के पीछे यही प्रेरणा-शक्ति काम कर रही थी कि भारत को दुनिया के नक्शे पर दिखाना है, यह साबित करना है कि 'भारत कुछ कर सकता है।'

क्या हम ऐसे कार्यों को जारी रखने की स्थिति में हैं ? क्या हम उस

इच्छा-शक्ति को दोबारा पैदा कर सकते हैं ? क्या कभी वह दिन हम देख पाएँगे जब भारत में डिजाइन की गई और यहीं निर्मित कारें फ्रैंकफर्ट अथवा सिओल की सड़कों पर दौड़ रही होंगी ? या फिर, क्या भारत के उपग्रह प्रक्षेपण यान अन्य देशों के संचार, मौसम तथा दूरसंवेदी उपग्रहों को उनकी कक्षाओं में स्थापित कर सकेंगे ? क्या हम भारत को अमरीका, जापान तथा चीन के लिए बिजलीघरों का निर्माण करते देख पाएँगे ? यदि हम छोटे लक्ष्यों को पाने की अपनी मौजूदा प्रवृत्ति पर कायम रहे तो ऐसा होने की संभावना काफी कम है।

वर्तमान में सॉफ्टवेयर के क्षेत्र में हमने अच्छी प्रगति की है, मगर लगभग पूरा-का-पूरा हार्डवेयर आयात हो रहा है। क्या हम उस क्षेत्र में भी आगे बढ़ सकते हैं ? क्या भारत ऐसा ऑपरेटिंग सिस्टम ईजाद कर सकता है जिसका नाम दुनिया भर के कंप्यूटरों के मामले में घर-घर में जाना जाए ? हम ज्यादातर लौह अयस्क तथा एल्युमीनियम जैसे कम मूल्य के कच्चे माल का निर्यात करते हैं। क्या हम इन्हें उन उत्पादों में नहीं बदल सकते जिन्हें अंतरराष्ट्रीय स्तर पर बाजार मिल सकें ? हमारे यहाँ रक्षा उत्पादन के सैकड़ों उद्योग हैं, लेकिन फिर क्या कारण है कि भारत युद्ध टैंक, प्रक्षेपास्त्र, विमान, बंदूकें तथा अन्य रक्षा उपकरणों का निर्माण कर उनकी बिक्री नहीं करता ? मानवशक्ति और ढाँचागत सुविधाओं की दृष्टि से हमारे पास सर्वाधिक योग्यता है। तो फिर वह क्या है जिसका हमारे पास अभाव है ?

आइए सोचें कि इस प्रकार की चुनौतियों से जूझने से हमें कौन रोकता है ? हमें इस बात का विश्लेषण करना होगा कि एक समन्वित कार्ययोजना का पालन करने के लिए हम विभिन्न मंत्रालयों और यहाँ तक कि संस्थानों तथा उद्योगों के निजी हितों को छोड़कर किस प्रकार अपने काम करने के तौर-तरीकों को नया आयाम दे सकते हैं। देश के प्रति प्यार हमारी मूल प्रेरणा शक्ति होनी चाहिए। हमें ऐसी दृष्टि रखने की जरूरत है जिसे पूरा देश अपना सके।

देश के कुछ राज्यों में प्रगति की तसवीर बेहतर है। प्रतिभाशाली युवाओं ने प्रौद्योगिकी के राष्ट्रीय परिदृश्य को ऊर्जावान् बना डाला है। बंगलौर, चेन्नई, मुंबई, दिल्ली और हैदराबाद व्यापारिक गतिविधियों के गढ़ बन चुके हैं। हालाँकि सूचना प्रौद्योगिकी के क्षेत्र में सफलता स्पष्ट झलक रही है और

इसमें पूँजी निवेश भी हुआ है, तो भी कुल मिलाकर देखें तो यह प्रगति काफी नहीं है। यदि सूचना प्रौद्योगिकी को एक मिशन की तरह देखा जाए तो मानवशक्ति की काफी आवश्यकता पड़ेगी। शहरों से दूर रहनेवाले लोगों की भी अच्छी शिक्षा तक पहुँच होनी चाहिए, ताकि अधिकाधिक प्रतिभाएँ तैयार हो सकें। और यह काम तेज गति से होना चाहिए।

त्रिपुरा तथा असम जैसे पूर्वोत्तर राज्यों और झारखंड की अपनी यात्राओं के दौरान मुझे हमारी उन क्षमताओं के दर्शन हुए जिनका इस्तेमाल नहीं किया जा रहा है। त्रिपुरा की अर्थव्यवस्था बाँस के उत्पादन समेत अन्य कई वन उत्पादों पर निर्भर है। वहाँ खनिज पदार्थ तथा प्राकृतिक गैस भी प्रचुर मात्रा में है, लेकिन परिवहन व्यवस्था की हालत खराब है—वहाँ यात्रा करना, मेलजोल रखना और व्यापार करना कठिन है; यहाँ अलगाव है। झारखंड में भी वन और हथकरघा उत्पादों के अलावा पर्याप्त खनिज संपदा है, जिसका विकास करने की आवश्यकता है। असम में संसाधनों की कोई कमी नहीं है और वहाँ शैक्षिक सुविधाएँ भी हैं। विकसित अर्थव्यवस्था के लिए जरूरी सभी साधन वहाँ उपलब्ध हैं; लेकिन साथ ही घुसपैठ और उपद्रवकारी गतिविधियाँ सक्रिय हैं। लक्ष्य के प्रति केंद्रित अभियान ही लोगों को एक साथ ला सकता है।

तमिलनाडु, आंध्र प्रदेश, पंजाब और कर्नाटक जैसे राज्यों ने मुझे इस बात का अहसास कराया है कि शिक्षा तथा स्वास्थ्य जैसे क्षेत्रों में विकास के लिए धन उपलब्ध कराने पर काफी कुछ हासिल किया जा सकता है। ये तथा कुछ अन्य राज्य आर्थिक विकास के अच्छे उदाहरण साबित हो सकते हैं।

हमारे बौद्धिक मंचों, राजनीतिक मंचों, शैक्षिक संस्थानों तथा वाणिज्यिक चैंबर्स में विचार-विमर्श की प्रक्रिया बदस्तूर जारी है। वास्तव में, इनमें ज्यादा शोर ही होता है। बहसों, तर्कों, परिकल्पनाओं और सिद्धांतों के अंतहीन सिलसिले के बावजूद प्रगति थोड़ी ही है। अलबत्ता, बोर्ड कक्षों तथा प्रौद्योगिकी से जुड़े सम्मेलनों में विकसित भारत के विषय पर कोई विचार-विमर्श नहीं होता। मैं चाहता हूँ कि हम सभी संस्थान, राजनीतिक दल, उद्योग, समुदाय, परिवार और व्यक्ति मिलकर प्रत्येक स्तर पर इस बात की जिम्मेदारी लें कि हमारी स्थिति में क्या अच्छा या बुरा है या क्या हमारे पास है और क्या नहीं है। इसका अर्थ यह है कि जिन परिस्थितियों में हम हैं उसके लिए दूसरों को दोषी न ठहराएँ। जिम्मेदारी ओढ़ना भी दरअसल, अपनी योग्यताओं का भरपूर

इस्तेमाल करने की इच्छा का होना ही है। ऐसा होने पर हम उन फायदों का आनंद ले सकने के काबिल बनेंगे, जो कोशिश करने पर प्राप्त होते हैं।

इस पुस्तक के माध्यम से मैंने आपको यह बताने की कोशिश की है कि हमें अपने उच्च धरातल के प्रति जागरूक बनकर स्वयं को एक विकसित राष्ट्र के नागरिक के रूप में देखना चाहिए। हमारी महान् सभ्यता रही है और यहाँ जनमे हम में से प्रत्येक को इस सभ्यता के ज्ञान पर भरोसा करना चाहिए। हमारे धर्मग्रंथ बताते हैं कि हमारे और शेष संसार के बीच कोई अवरोध नहीं है, कि हम भी उसी तरह से इस संसार का रूप हैं जैसे यह संसार हमारे भीतर है। अब आपको खुद ही दुनिया के साथ कदम से कदम मिलाकर चलना होगा।

मैं कुछ और बातों का भी जिक्र करना चाहूँगा। किसी भी राष्ट्र की जनता की जरूरतें अन्य किसी भी चीज के मुकाबले अधिक बड़ी और महत्त्वपूर्ण होती हैं। संसद् का धर्म यही है कि वह हमारी राष्ट्रीयता की अस्मिता की दृष्टि से महत्त्वपूर्ण मुद्दों को लेकर जीवंत तथा गतिशील बनी रहे। हमें आजादी उपहारस्वरूप नहीं मिली थी। पूरे देश ने आजादी की एक झलक के लिए मिलकर दशकों तक संघर्ष किया था, इसलिए हमें हर हाल में इसकी रक्षा करनी है। विज्ञान, शिक्षा तथा उद्योग जैसे तमाम क्षेत्रों में उत्कृष्ट प्रतिभाएँ रही हैं। स्वतंत्रता को घुसपैठियों तथा इसके साथ समझौता करनेवालों से बचाना हमारा कर्तव्य है, न कि हमारे लिए पसंद और सुविधा का विषय। कोई भी वैचारिक सिद्धांत देश की सुरक्षा तथा समृद्धि से ऊपर नहीं हो सकता। कोई एजेंडा देश के लोगों में सौहार्द्र से अधिक महत्त्वपूर्ण नहीं हो सकता।

विद्यार्थियों को अब भारत को एक विकसित राष्ट्र में बदलने के लिए कमर कस लेनी चाहिए। अपनी प्रज्ञा को प्रज्वलित करें और बड़ी बातें सोचें।

एक अध्यापक ने एक बार कहा था, 'मुझे पाँच साल का एक बच्चा दो। सात साल बाद कोई भगवान् या शैतान भी उस बच्चे को बदल नहीं पाएगा।' क्या सभी अध्यापक ऐसे ही गुरु होंगे?

प्रशासकों पर लोगों तथा राजनीतिक नेताओं को आपस में जोड़ने की महत्त्वपूर्ण जिम्मेदारी होती है। उन्हें हमेशा ऐसे निर्णय ही लेने चाहिए जो लोगों के हित में हों। मेरा विश्वास है कि सशक्त जिला कलेक्टरों की तरह के अधिकारी ही बदलाव लाने में सहायक हो सकते हैं। वे पुण्य अधिकारी बनें। केंद्र और राज्य के एकीकृत कोष को अभियान-प्रेरित कार्यक्रमों के लिए

इस्तेमाल किया जाना चाहिए।

आजादी के पचास साल बाद भी वैज्ञानिक प्रयासों के लाभ उस सीमा तक जनता तक नहीं पहुँच पाए हैं जितने कि पहुँचने चाहिए थे। अब समय आ गया है कि विज्ञान और प्रौद्योगिकी के क्षेत्रों में हुई प्रगति को ग्रामीण जीवन को बदलने के लिए व्यापक स्तर पर इस्तेमाल में लाया जाए।

विश्व व्यापार संगठन (डब्ल्यूटीओ) हो या बहुराष्ट्रीय कंपनियों अथवा चीन से मिली प्रतिस्पर्धा, यह तय है कि वैश्विक स्तर पर प्रतिस्पर्द्धा का दौर शुरू हो चुका है।

प्रतिस्पर्धात्मकता तथा आविष्कार ही औद्योगिक विकास के दो मजबूत आधार स्तंभ हैं। उद्योग जगत् मिलकर बहुराष्ट्रीय संस्थाएँ खड़ी कर सकता है, जिससे मौजूदा प्रवृत्ति पर रोक लग सकेगी।

सूचना प्रौद्योगिकी समुदाय ने अपने बुद्धि कौशल के बल पर भारत को दुनिया में ऊँचा स्थान दिलाया है। आज भारत सूचना प्रौद्योगिकी के क्षेत्र में प्रतिस्पर्धी राष्ट्र है। सूचना प्रौद्योगिकी का प्रयोग स्वास्थ्य-रक्षा, दूर-चिकित्सा पद्धति, निरक्षरता उन्मूलन, कौशल विकास तथा ई-शासन और दूर-शिक्षा के क्षेत्रों में किया जाना चाहिए। सूचना प्रौद्योगिकी को संपर्क उपकरण बनाकर राष्ट्र को ज्ञानवान् समाज के रूप में बदलना चाहिए।

अंत में मैं कहना चाहूँगा कि किसानों ने अपने खून-पसीने से इस देश को अतिरिक्त खाद्यान्न दिया है। कृषि क्षेत्र में दो उपक्रम करने का समय आ गया है। पहला—सभी कृषि उत्पादों का मूल्य वर्धन करना। दूसरा—कृषि उत्पादों की गुणवत्ता में सुधार कर विश्व बाजार में प्रतिस्पर्धा में उतारना। मार्केटिंग इन सबसे कारगर उपकरण है; हमें इसके लिए नया कार्यबल तैयार करने की जरूरत है। ये उपाय किसानों को राहत दिलाएँगे।

और अब सर्वशक्तिमान् ईश्वर से दो शब्द! मेरे लोगों को पसीना बहाने को प्रेरित करें। उनकी मेहनत से कई-कई अग्नियाँ जन्म लें, जो बुराई को नष्ट कर सकें। मेरे देश में शांति और समृद्धि लाएँ। मेरे देशवासी मिल-जुलकर रहें। हे ईश्वर! मुझे भारत का गौरवान्वित नागरिक होने के नाते इसकी धूल में मिल जाने देना, ताकि मैं दोबारा जन्म लेकर इसकी यशोगाथा का आनंद ले सकूँ।

□

इति कथा

मैं सोच रहा था कि इस पुस्तक का निचोड़ किस प्रकार दिया जाए। तभी मुझे इंटरनेट पर पढ़ी एक कहानी याद आई, जो गर्भ के भीतर पल रहे दो बच्चों—अहम् और आत्मा की आपसी बातचीत पर आधारित है।

आत्मा ने अहम् से कहा, 'मुझे पता है कि तुम्हारे लिए यह स्वीकार करना कठिन होगा, मगर मेरा ऐसा विश्वास है कि जन्म के बाद जीवन है।'

इस पर अहम् ने जवाब दिया, 'मूर्ख मत बनो। अपने आस-पास देखो। जो कुछ है, यहीं है। तुम इस सच्चाई से और कहीं की बात क्यों सोचती हो? इस जीवन में ही अपने भाग्य को स्वीकार कर लो।'

आत्मा कुछ पल के लिए चुप रही, मगर ज्यादा देर तक वह ऐसा नहीं कर सकी। 'अहम्, अब गुस्सा मत होना; मगर मेरा विश्वास है कि एक माँ होती है।'

'माँ!' अहम् को हँसी आ गई। 'तुम ऐसा कैसे कह सकती हो? तुमने कभी माँ नहीं देखी, तुम जानतीं भी नहीं कि माँ क्या होती है। तुम यह क्यों नहीं मान लेतीं कि जो कुछ है, बस यहीं है? यहाँ तुम मेरे साथ अकेली हो। यही तुम्हारी वास्तविकता है।'

'अहम्,' आत्मा ने निवेदन किया, 'जरा मेरी बात सुनो। ये जो लगातार दबाव हम महसूस करते हैं, क्या है, कभी-कभी हमें बेचैन बना देनेवाला यह हिलना-डुलना क्या है, जैसे-जैसे हम बड़े हो रहे हैं, तो खुद को दबाया जाना महसूस कर रहे हैं, वह क्या है? मैं सोच रही हूँ कि जल्दी ही हमें एक नया जीवन मिलेगा और हम रोशनी को देख पाएँगे।'

अहम् ने जवाब दिया, 'तुमने कभी रोशनी नहीं देखी। तो फिर तुम्हें कैसे पता कि वह क्या है? यह दबाव और अँधेरा ही दरअसल जीवन है।'

आत्मा ने सोचा कि अब अहम् को और नहीं परेशान करना चाहिए, लेकिन फिर एक आखिरी कोशिश करने से वह खुद को रोक नहीं पाई। वह बोली, 'अहम्, मैं तुम्हें इसके बाद तंग नहीं करूँगी। लेकिन मुझे पूरा भरोसा है कि इस बेचैनी के बाद हम न सिर्फ रोशनी को देख सकेंगे बल्कि माँ से मिलने का सुख भी महसूस करेंगे।'

इसपर अहम् का जवाब यही था कि आत्मा सचमुच पागल है।

इस पुस्तक के माध्यम से अपने देशवासियों से मैं यही कहना चाहता हूँ कि हमें उतने भर से ही संतोष नहीं कर लेना चाहिए, जो आजादी के बाद से पहले पचास वर्षों में हमें मिला है। जब मैं इस पुस्तक को पूरा ही करने वाला था तो किसी ने एक बहुत दिलचस्प विषय मेरे सामने रखा। चेन्नई स्थित प्रेजीडेंसी कॉलेज के एक हजार पाँच सौ छात्रों को 'राष्ट्र के पास उसकी अंतर्दृष्टि अवश्य होनी चाहिए' विषय पर संबोधित करते हुए उन बच्चों ने राष्ट्रीय विकास, राजनीतिक नेतृत्व, विज्ञान और प्रौद्योगिकी के योगदान, शिक्षा तथा सीखने की प्रक्रिया से संबंधित कई सवाल किए। इस सत्र के बाद जब मैं ऑडिटोरियम से बाहर आ रहा था तो कई छात्र मुझसे हाथ मिलाने के लिए मेरी तरफ आ रहे थे और वे सभी खुश दिखाई दे रहे थे। हालाँकि मैं वहाँ से निकलने की कोशिश कर रहा था, लेकिन तभी एक युवा छात्र ने सबको इधर-उधर धकेलकर अपने लिए जगह बनाई और आगे बढ़कर एक मुड़ा-तुड़ा कागज मेरे हाथ में थमा दिया। मैंने उसे अपनी जेब में रख लिया और कार में बैठने पर उसे पढ़ा। प्रेजीडेंसी कॉलेज से प्राणी विज्ञान में एम.फिल. कर रहे छात्र टी. श्रवणन के संदेश की ताकत से मैंने खुद को ऊँचा उठा हुआ पाया। यह संदेश कुछ इस प्रकार था—

'प्रिय सर,

'बरगद के एक पेड़ की पूरी ताकत उसके सभी बीजों की कुल ताकत के बराबर होती है। एक तरह से हम दोनों, आप और मैं समान ही हैं। लेकिन हम अलग-अलग ढंग से अपनी प्रतिभाओं को व्यक्त करते हैं। कुछ बीज तो बरगद का पेड़ बनते हैं, जबकि कुछ अन्य यों ही समाप्त हो जाते हैं। कभी-

कभी कुछ बीज मौसम तथा अन्य परिस्थितियों के परिणामस्वरूप नष्ट होकर मिट्टी में मिल जाते हैं और खाद बन जाते हैं, जिससे अगली पीढ़ी और ताकतवर तथा मजबूत बनती है और इस तरह वह ऊँचाई तक पहुँचने के अपने उद्देश्य को जाहिर कर पाता है।

'आपने देश के लिए काम किया है तथा कई वैज्ञानिकों, इंजीनियरों और ज्ञानवान् कार्यकर्ताओं की मदद की है। क्या आप मुझे बता सकते हैं कि आपने यह कैसे सुनिश्चित किया कि उनकी योग्यता व्यर्थ न हो और उनका विकास भी उस तरह से बाधित न हो जैसा कि कुछ बीजों का हुआ? इस कार्य में आप कितने प्रतिशत सफलता का दावा कर सकते हैं?'

मैंने उसी दिन जो जवाब उसे दिया वह इस प्रकार था—

'प्रिय श्रवणन,

'मैंने तुम्हारे शक्तिशाली संदेश और सवाल को बार-बार पढ़ा है। मैंने बीस वर्ष इसरो तथा बीस वर्ष डीआरडीओ में रॉकेट, प्रक्षेपण यान और प्रक्षेपास्त्रों का निर्माण करते हुए बिताए हैं। मैंने अनेक सफलताएँ और कुछ असफलताएँ भी देखी हैं। मैंने कम समय में लक्ष्य हासिल करने के लिए वैज्ञानिकों, इंजीनियरों और तकनीशियनों की टीम के साथ काम किया है। टीम की संयुक्त ताकत ने ही वे सफलताएँ दिलाईं और असफलताओं से सीख ली। टीम के कुछ सदस्यों ने अपनी जानकारी और कर्म के मामले में मुझे भी पीछे छोड़ दिया। इससे मुझे काफी खुशी मिली है।'

तुम्हारे संदेश ने हम सभी पर जबरदस्त जिम्मेदारी डाल दी है। नेताओं को यह सुनिश्चित करना ही होगा कि युवा पीढ़ी उनसे बेहतर साबित हो, न कि उन परिस्थितियों का शिकार बनकर रह जाए, जिससे उनके विकास पर कोई बुरा असर पड़े। इन सबसे बढ़कर, युवाओं को वैज्ञानिक विकास के क्षेत्र में असफलताओं से बचाने तथा निरंतर प्रोत्साहन की भी जरूरत है, ताकि यह सुनिश्चित किया जा सके कि वैज्ञानिक, प्रौद्योगिकीविद् और किसी भी क्षेत्र में काम कर रहे अन्य लोगों का विकास हो और वे देश के लिए काम करते रहें।

मैं इस पुस्तक को एक अंतिम सवाल के जवाब के साथ समाप्त करना चाहूँगा, जो मुझसे ईद के मौके पर पूछा गया था। सवाल यह था कि

इस अवसर पर आपकी प्रार्थना क्या होती है ?

मैंने कहा—अपने अध्यापकों, दोस्तों और संबंधियों के अच्छे स्वास्थ्य तथा खुशियों के साथ-साथ मैं यह प्रार्थना भी करता हूँ—

'हे ईश्वर! मेरे देशवासियों के मन में ऐसे विचार और कर्म-भाव जगाओ कि वे मिल-जुलकर रह सकें।

'मेरे देश के सभी धार्मिक नेताओं के लोगों को ऐसी शक्ति देने के लिए प्रेरित करो, जिससे विभाजन की ताकतों पर वे विजयी हो सकें।

'नेताओं और जनता के मन में यह भाव जगाओ कि देश किसी भी व्यक्ति से बड़ा है।

'हे ईश्वर! मेरे लोगों को देश को समृद्ध बनाने के लिए कर्मशील बनाओ।'

यौवन का गीत

मैं और मेरा देश—भारत

भारत के युवा नागरिक के नाते
प्रौद्योगिकी ज्ञान से युक्त और अपने देश के लिए प्यार से भरपूर
मैंने महसूस किया कि छोटा लक्ष्य रखना अपराध है।

मैं एक महान् अंतर्दृष्टि के लिए अपना पसीना बहाऊँगा,
यह दृष्टि भारत को विकसित राष्ट्र बना देगी।
जो आर्थिक ताकत और मूल्य-आधारित व्यवस्था से युक्त होगी।

मैं इसके एक अरब नागरिकों में से एक हूँ,
केवल अंतर्दृष्टि ही इन अरब आत्माओं को झकझोरेगी।
यह मेरे भीतर प्रवेश कर चुकी है,
अन्य किसी भी संसाधन के मुकाबले यह तेजस्वी मन सबसे शक्तिशाली
होता है।

धरती पर, धरती से ऊपर और धरती के भीतर भी।
मैं ज्ञान का दीपक जलाए रखूँगा,
ताकि पूरा हो सके स्वप्न—विकसित भारत का।

संदर्भ

1. 'अग्नि की उड़ान' : एक आत्मकथा, ए.पी.जे. अब्दुल कलाम तथा अरुण तिवारी, प्रभात प्रकाशन, 1999।
2. 'इंडिया 2020 : ए विजन फॉर द न्यू मिलेनियम', ए.पी.जे. अब्दुल कलाम तथा वाई.एस. राजन, वाइकिंग 1998।
3. 'मैन द अननोन', एलेक्सिस कैरल।
4. 'तिरुक्कुरल', तिरुवल्लुवर।
5. 'लाइट फ्रॉम मेनी लैंप्स', लिलियन आइशलर वाटसन, फायरसाइड 1988।
6. 'चंद्रा : ए बायोग्राफी ऑफ एस. चंद्रशेखर', कामेश्वर सी. वली, यूनिवर्सिटी ऑफ शिकागो प्रेस, 1992।
7. 'द हाउस दैट फल्यू, चिदानंद राजघट्ट, हार्पर कॉलिंस इंडिया, 2001।
8. 'एंपायर्स ऑफ द माइंड', डेनिस वेटली, निकॅलस ब्रियली पब्लिशिंग, 1995।
9. 'एन अनफिनिश्ड ड्रीम', डॉ. वर्गीज कुरियन, टाटा मैकग्रा हिल, 1997।
10. 'मेनिफेस्ट योर डेस्टिनी', डॉ. वायन डब्ल्यू. डायर, हार्पर कॉलिंस, 1997।
11. 'कंसलिएन्स', एडवर्ड ओ. विल्सन, विनटेज बुक्स, 1999।
12. 'इंडिया एज नॉलेज सुपरपॉवर', टास्क फोर्स रिपोर्ट टू प्लानिंग कमीशन, 2001।
13. 'टेक्नोलॉजी विजन 2020', टाइफैक रिपोर्ट्स, 1996।
14. 'ए न्यू नॉलेज सोसाइटी', ए.पी.जे. अब्दुल कलाम, 2000।
15. रिपोर्ट ऑन 'अरबनाइजेशन', प्रोफेसर पी.वी. इंद्रेसन, 2000।

□□□

रामेश्वरम् से राष्ट्रपति भवन की कहानी
महामहिम अब्दुल कलाम की जबानी

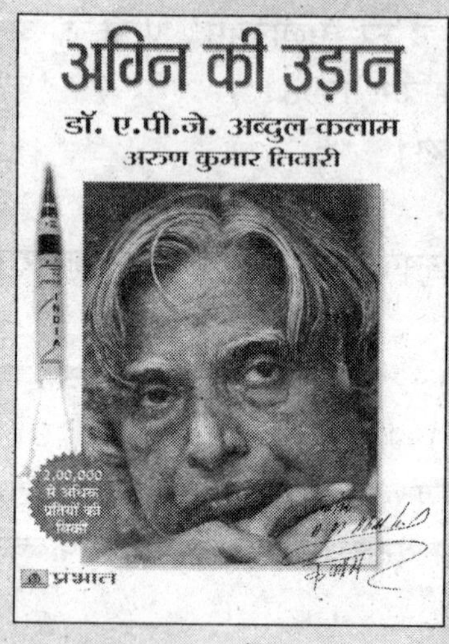

(15.10.1931–27.7.2015)
भारत के यशस्वी वैज्ञानिकों में से एक तथा उपग्रह प्रक्षेपण यान और रणनीतिक मिसाइलों के स्वदेशी विकास के वास्तुकार थे। एस.एल.वी.–3, 'अग्नि' और 'पृथ्वी' उनकी नेतृत्व-क्षमता के प्रमाण हैं। उनके अथक प्रयासों से भारत रक्षा तथा वायु आकाश प्रणालियों में आत्मनिर्भर बना।

अन्ना विश्वविद्यालय में प्रौद्योगिकी तथा सामाजिक रूपांतरण के प्रोफेसर के रूप में उन्होंने विद्यार्थियों से विचारों का आदान-प्रदान किया और उन्हें एक विकसित भारत का स्वप्न दिया। अनेक पुरस्कार-सम्मानों के साथ उन्हें देश के सबसे बड़े नागरिक सम्मान 'भारत रत्न' से भी सम्मानित किया गया। विज्ञान-प्रसार में योगदान के लिए उन्हें प्रतिष्ठित 'किंग चार्ल्स-II' मेडल से सम्मानित किया गया।

भारत के राष्ट्रपति के रूप में अपने कार्यकाल के दौरान देश भर के आठ लाख से अधिक छात्रों से भेंट कर उन्होंने महाशक्ति भारत के स्वप्न को रचनात्मक कार्यों द्वारा साकार करने का आह्वान किया है।

मूल्य

सजिल्द : 350/- • लोकप्रिय संस्करण : 300/-

सुंदर, आकर्षक रंगीन चित्रों के साथ